U0117192

薄荷实验
Think As The Natives

离开学术界
实用指南

[美] 克里斯托弗·卡特林 著
（Christopher L. Caterine）
何啸风 译

华东师范大学出版社
·上海·

图书在版编目（CIP）数据

离开学术界：实用指南 /（美）克里斯托弗·卡特

林著；何啸风译. —上海：华东师范大学出版社，2023

ISBN 978-7-5760-4000-5

Ⅰ.①离… Ⅱ.①克… ②何… Ⅲ.①职业选择—指南

Ⅳ.① C913.2-62

中国国家版本馆 CIP 数据核字（2023）第 121348 号

离开学术界：实用指南

著　　　者	〔美〕克里斯托弗·卡特林
译　　　者	何啸风
责任编辑	顾晓清
审读编辑	陈　震　郑絮文
责任校对	廖钰娴　时东明
装帧设计	周安迪

出版发行	华东师范大学出版社
社　　　址	上海市中山北路 3663 号　邮编　200062
客服电话	021－62865537
网　　　店	http://hdsdcbs.tmall.com/

印刷者	苏州工业园区美柯乐制版印务有限公司
开　　　本	787×1092　32 开
印　　　张	8
版面字数	126 千字
版　　　次	2023 年 8 月第 1 版
印　　　次	2024 年 6 月第 3 次
书　　　号	ISBN 978-7-5760-4000-5
定　　　价	69.80 元

出版人　王　焰

献给马洛里

让我们为正确的事业而乐此不疲

目 录

序　言

　　离开学术界是困难的。你面临的不仅是放弃一个你视为天职的领域所带来的障碍。你还必须应对负债、低薪、缺乏福利等，这些是大多数人成为专业学者的头十年或更长时间里所面临的事实。这些事实让寻求新职业——以及培养新职业所需技能——的风险看起来无比巨大。因此，许多学者选择安于现状，不去追求可以带来更多满足感、稳定性或存款的新工作。

　　让我来现身说法一番。当我发现我在高等教育界所面临的挑战比在高等教育之外可能面临的挑战更可怕时，我比大多数人更加幸运。我在一个富裕的家庭长大，我读的学校培养我们适应现代职业世界，而且我通过观察积极参与现代职业世界的成年人学会了如何行事。这段经历意味着，我从小就熟悉现代非学术行业的工作是什么样的。不仅如此，我认识很多人——朋友、父母、导师——我可以寻求他们的帮助。我的一大优势是，永远不用怀疑他们能够并且愿意帮助我。更重要的是，我不怀疑自己找到某个企业的工作之后能否适应。

但即便对我来说，离开学术界也是困难的。我花了两年多的时间与 150 多人会面，才找到一份工作。我大部分时间都在黑暗中摸索。尽管我读了所有唾手可得的资源，但我常常无法把它们的建议用到具体语境中，也不知道它们如何服务于更大的改行策略。

本书的目的是，让无法直接获得我所拥有的优势的人，也能从这 150 多人教会我的道理中受益。最重要的是，我很幸运有充足的时间。当时我有一个"不错"的客座助理教授职位，只承担一学期三门课的教学量。我决定探索其他工作领域时，距我的合同到期还有两年。如果我失业了，我妻子的薪水可以养活我——至少在一段时间内。这些安全保障让我能够摸着石头过河，并且不断犯错；它们也让我反思自己的经历。一个记录我的探索历程的博客，帮助我发掘了成为作家的潜力。该项目不仅促成了这本书，也促成了我自 2017 年以来从事的职业。

致　谢

直到 2018 年 1 月，我才考虑把我的经历变成一份个人报告和实用指南，以供其他考虑离开高等教育界的人使用。当时我刚离开学术界四个月，对学术界之外的世界依然感到很陌生。但是我的朋友马里（Mali）和拉夫（Raf）从我的博客中看到了潜力，鼓励我修改那些帖子以便用于更长期的项目。我首先要感谢的是他们俩，没有他们的鼓励，我永远也不会开展这一项目。

我也想要感谢在撰写和修改书稿的过程中采访过的前学者们。他们不仅为我抽出时间，还允许我把他们的故事与我的故事一同讲述。我要感谢切拉·怀特-拉姆齐（Chela White-Ramsey），克里斯·帕帕佐普洛斯（Chris Papadopoulos），大卫·恩格尔（David Engel），大卫·史蒂文斯（David Stevens），克里斯蒂·洛奇（Kristi Lodge），劳拉·安斯利（Laura Ansley），伊丽莎白·塞格兰（Elizabeth Segran），帕特里夏·索莱尔（Patricia Soler），苏珊·科恩（Susanne Cohen），曹薇（Vay Cao），以及一位匿名的人类学家。有了这些人的帮助，这本书对于其他正在经历改行的人而言变得更加有用。

迈克尔·齐姆（Michael Zimm）是这些人当中值得特别感谢的。除了允许我借用他的故事，在我改行和适应高等教育界之外的生活时，他一直是我坚定的朋友和参谋。

丹·波特菲尔德（Dan Porterfield）是第一个与我谈论离开学术界的人。当我完全不知道何去何从时，他的建议和鼓励让我走上了新的职业道路。他还允许我在本书第 3 章开头分享那次谈话的细节——而且在我准备终稿时提供了进一步的指导。

我在 2015 年悄悄探索其他领域时，苏珊·卢斯尼亚（Susann Lusnia）向我介绍了新奥尔良的杜兰大学和洛约拉大学的行政人员——这几次会面，是我进行信息访谈和积累人脉的开始。

安德鲁·福利（Andrew Foley）向我证明了学者如何在商界获得智识上的满足，而且允许我分享我们相识的故事。

彼得·多尔蒂（Peter Dougherty），我的编辑，帮助我把 2019 年 1 月放在他办公桌上的简短和粗糙的初稿，变成一本更有力、更严肃的指南。他在任何事情上都细致、有耐心、乐于助人。最重要的是，感谢他让我实现了我认为离开学术界后再也无法实现的成就：在一家大学出版社出一本书。

2018 年，约翰·保拉斯（John Paulas）在古典文学研究学会的年会上组织了一次非学术行业的社交活动。在那个场合上，我第一次为他人提供关于离开教授职位的建议。后来，约翰向我介绍了修订本书的过程中采访过的一些专业人士，并且同意（尽管最初是匿名的）担任本书的审稿人之一。在担任审稿人时，他给出了敏锐的建议，特别是关于我最初忽略的"最佳做法"。

虽然伦尼·卡苏托（Lenny Cassuto）在对本书初稿的审查中偷偷写下了他的名字，从而在"双盲"审查中没有保持中立的立场，但是，把他称为"审稿人 2"未免太轻描淡写了。他是真正意义上的批评者，能鉴别我的语气、意思和论证中的不恰当和不一致之处——而且在陈述意见时，用一种允许我尝试补救的方式表达它们。他花在阅读我的两份书稿上的时间让我惭愧不已，我尤其感谢他在 2019 年 9 月为改进本书文字风格而提供的大量手写批注。毫不夸张地说，如果没有伦尼的出色协助，这本书要糟糕得多。他的诚实、认真和慷慨渗进了本书的每一页——并且让我明白最好的学术交流可以是什么样的。

阿里亚纳·施瓦茨（Ariane Schwartz）已经成为我值得信赖的朋友和顾问，尽管有些讽刺的是，这段友谊开始于我们离开古典学界并从事咨询工作之后。感谢她对本书第二稿提出的反馈意见，感谢她在 2020 年 1 月与我合作进行一场帮助研究生为各种职业做准备的报告时展现出的专业素养。

克里斯·汉弗莱（Chris Humphrey）和耶恩·波尔克（Jen Polk）指出了我在思想或措辞上过于美国化的地方，帮助我把本书的受众扩大到美国市场之外。

亚当·麦丘恩（Adam McCune），科尔曼·康奈利（Coleman Connelly），乔恩·麦克莱伦（Jon MacLellan）在他们改行的过程中"试用"了我的建议并提供了反馈。

唐娜·扎克伯格（Donna Zuckerberg）在整个项目期间提供了巨大的支持，她会在我遇到障碍时主动给出身为编辑的意见，在我制定本书的发行战略时提供指导。更重要的是，从进入研究生院以来，她和我的友谊一直是一份馈赠。

我还要感谢寻求新职业的过程中在新奥尔良及其他地方遇到的许多人，不光是因为这个庞大的人际网络让我得以成功。他们的建议如此充分地渗进本书的每一页，以至于我无法在每个例子中提到人名。

我的父母从未质疑过我进入学术界的决定，也从未质疑我离开学术界的决定。他们在我生命的这两个阶段提供了爱和支持——而且耐心地听我讲述我的怀疑、兴奋和恐惧。这种耐心，是我有了自己的儿子后才体会到的。

我最深的谢意要献给我的妻子马洛里（Mallory）。她和我一起度过了改行过程中最黯淡的日子，忍受不停地与我讨论如何走下去。在我找到一份每年三分之一时间在路上的工作时，她适应了一种截然不同的生活方式。在本书写作过程中，她忍受着我一头扎进厚厚的书页中的时刻，并在我停滞不前时鼓励我。她对我的支持令我惊讶。更不可思议的是，在她怀上我们的儿子凯莱布（Caleb）、儿子出生以及年幼期间，在她任职于杜兰大学期间，在她成功创立"卡里昂"（Kallion，一个通过人文科学提升领导力的非营利组织）期间，她都不遗余力地支持我。她在方方面面让我的生活变得更好，这本书是献给她的。

第1章 恐惧期

信心是我的故事的起点。不论如何，我觉得这就是信心，尽管他人可能觉得我是狂妄自大。我坚信我能成功。请注意，我说的是成功，而不是好运。我曾经认为学术界是用实力说话的，相信我只要比他人多思考、多工作，就能够消除挡在我和教授职位之间的障碍。

有时信心是有好处的。至少它对我是有好处的。信心督促我早早起床，准备常规考试。信心让我满怀兴奋和激情地站在全班同学面前。信心激励我离开研究生院，追逐学术生涯的下一个阶段。信心促使我写作和修改论文并发表它们，尽管未来总是不确定的。

有时，信心也会让人崩溃。事实上，它让大多数人崩溃。在"学术市场"待了三年后，我终于意识到学术界不是用实力说话的，我的勤奋工作一无所获，教授职位与我无缘。别人都说我盲目自信，不是没有理由的。大家都说时机不站在我这边，但我就是不相信他们。所以，在步入三十岁之际，我不知不觉走进了死胡同。

信心一去不复返了。我感觉陷入了重围，束手无策，不知道何去何从。这个变化是突然的，也是彻底的。羞耻、焦虑和恐惧的混合情绪压垮了我，就像信心曾经鼓舞了我一样。离开学术界让我产生一种强烈的新情绪：纯粹的、真切的恐惧。——

事件视界

研究生教育已经积重难返。[1] 本来多数博士项目是为了培养学生成为终身教授，但是今天，就读于美国研究生院的人中只有 7% 能够从抢手

1　Lenny Cassuto, *The Graduate School Mess*（2015）详细考察了这种困境，并且给教职工提供了解决困境的建议。

的教席中分一杯羹。[1] 在这种环境中，毫不夸张地说，**不存在所谓的"另类学术（alt-ac）[*]行业"：学术界本身就是另类行业。**

讽刺的是，面对这种事态，无论是研究生和刚毕业的博士，还是给他们建议的人，都决定一条道走到黑。这帮人比以往任何时候都更加坚信，除了全心投入一个领域，其他做法都是失败的预兆。[2] 扭转这种趋势的倡议能否成功，还有待观察。[3]

1　这个比例是我得出的，而且肯定有欠缺。Lenny Cassuto（2015）说，"关于总体的博士学术职位的数据太少，无法支撑一张数据充分的图表"（p. 190）；即便如此，他给出的估计只是比我稍微乐观一点（"进入人文类博士项目的八位学生，大概四位都无法完成学业……完成学业的四位学生中，据统计，两位能得到全职的教席。最多有一位能得到研究型大学的全职教席"（引自 Emma Pettit, "Columbia Had Little Success Placing English Ph.D.s on the Tenure Track. 'Alarm' Followed, and the University Responded," *Chronicle of Higher Education*, August 21, 2019: https://www.chronicle.com/article/ Columbia-Had-Little-Success/246989）。

*　编者注："alt-ac"（或 "alternative academic"）常被用来描述高校内教授等职位以外的非学术性职业，例如行政类职位。

2　L. Maren Wood, "Odds Are, Your Doctorate Will Not Prepare You for a Profession outside Academe," *Chronicle of Higher Education*, July 9, 2019: https://www .chronicle.com/article/ Odds-Are-Your-Doctorate-Will/246613.

3　2018 年，美国大学协会（AAU）启动了博士教育倡议（PhD Education Initiative），"通过让多元的博士职业道路变得更加为人所知、受人重视、切实可行，在美国大学协会旗下的大学提倡以学生为中心的博士教育"。2019 年，8 家机构试点了这一提议，但截至本文发表时，尚未有对结果的量化分析。

对于观望着高等教育之外的世界的学者们而言，情况就像是在注视一个黑洞。尽管你知道那个物体就在那里，但你无法看透这个掩盖黑洞真实运作的事件视界。黑洞的引力，让这个极限（limit）成为一个不折返点（point of no return）：穿越事件视界的任何事物都无法穿越回来，即使穿越回来，也会发生不可逆的和彻底的转变。这些属性使得离开学术界这件事变得不可名状。"不可名状"（awesome）一词的本义是既庞大又可怕。因此，许多人试图与黑洞的事件视界保持距离——他们更喜欢熟知的世界，不想被卷入另一个行业的风险和不确定之中。

我在安然穿越极限（这是个比喻）后写下了本书。事实上，穿越极限的过程转变了我：现在的我比在学术界时更加快乐。

话虽如此，不经历那些痛苦是无法达到现在的状态的。我花了两年多时间琢磨我能做些什么，培养新的技能，学习向其他领域的人展示我的优势，以及最终获得一份工作。一路走来，我产生了很多困惑。我不仅担心离开学术界是错误的选择，还担心自己只擅长搞研究和教书。幸运的是，越了解学术之外的世界，我的担忧就越少。探索学术外的世界有一个额外的好处：

多年来，我第一次感觉我面前出现了更多敞开的大门，而不是紧闭的大门。

本书写作背景

本书浓缩了我在改行过程中学到的东西，以及离开学术界的过程中遇到的大约 150 人的建议。这 150 人来自各行各业。他们包括商人、非营利组织负责人、大学行政人员、公务员，以及其他训练有素的专业人士。

我对 12 个曾经是学者的人（见下表）进行了正式采访，作为他们的智慧的补充。这些人来自不同背景，接受不同学科的训练，踏入了不同专业。虽然起初收集他们的故事是为了检讨我自己的经历，但是我一次又一次发现他们的故事酷似我的故事。不管来自哪个学科，最终进入哪个行业，在教授职业外成功的学者都善于结识新朋友、承担风险，并从每段经历中学习，不管是好的经历还是坏的经历。

刚开始改行时，我绝对想不到这些特质有一天能用来形容自己。作为一名学者，我的主要职业目标是成为某个冷门罗马诗人的专家。我是个内向的人，并且以此为荣。我没有多少爱好，我认为内向的特质可以让我想扮演的角色更加可信。

改变是需要时间的。我不习惯跟他人打成一片、求助于他人，或者接受他人的挑战。但是这些活动指明了我所亟需的前进道路。为此，我克服了坏习惯，强迫自己做这些事。

姓　名	岗位和公司（截至 2020 年 2 月）	学术领域和学校	学　位
劳拉·安斯利	主编，美国历史协会	历史学，威廉与玛丽学院	硕士（2012）
曹薇	亚太区销售经理与支持主管，因斯蔻蒲（Inscopix）	神经科学，布朗大学	博士（2013）
苏珊·科恩	首席用户体验研究员，爱思唯尔（Elsevier）	人类学，密歇根大学	博士（2010）
大卫·恩格尔	常务董事，富国咨询（Wells Fargo Advisors）	哲学，加州大学伯克利分校	博士（1997）
克里斯廷·洛奇	毕业生就业咨询师，俄勒冈大学伦德奎斯特商学院	中世纪研究，俄勒冈大学	博士（2010）
克里斯·帕帕佐普洛斯	数据科学家，卡玛信用（Credit Karma）	物理学，马里兰大学	博士（2009）

续 表

姓 名	岗位和公司（截至 2020 年 2 月）	学术领域和学校	学 位
伊丽莎白·塞格兰	资深撰稿人，《快公司》杂志（*Fast Company Magazine*）	东南亚研究，加州大学伯克利分校	博士（2011）
帕特里夏·索莱尔	IT 专家，美国住房和城市发展部	拉美研究，乔治敦大学	博士（2014）
大卫·史蒂文斯	创始合伙人与代理 CEO，开拓创投（Broaden By WPI，前身为世界政策研究所）	政治学，普林斯顿大学	硕士（2006）
切拉·怀特–拉姆齐	高级培训和发展经理，英迪招聘（Indeed, Inc）	人力资源领导，路易斯安那大学	博士（2015）
迈克尔·齐姆	市场总监，克里斯–泰克电线（Kris-Tech Wire）	古典学（历史为主），耶鲁大学	博士（2016）
佚 名	排名前三的科技公司	人类学，某常春藤联盟大学	博士（2016）

亲身实践把这些努力变成了习惯。我慢慢意识到，哪怕最离谱的经历也是一个学习的机会，每一段新经历都让我离未来的职业更近一步。至

此，学术之外的世界越来越不可怕了，因为我其实已经熟悉它了。

　　每个阅读本书的人都已经具有成功改行所需的至少一种特质。你的学术训练让你具有好奇心和批判性，你不仅会思考自己工作是对还是错，还会思考**为什么**。这种思考的冲动决定了我们这些拥有学术背景的人，而且是贯穿我过去五年所知的每次改行的一条主线。最重要的是，这种特质能帮助你获得其他特质，从而在学术界之外找到新的职业。

本书目标读者

　　本书是为那些对高等教育前景不满意的研究生、刚毕业的博士生，以及教授而写的。[1] 我希望阅读本书能够让你在走出象牙塔时更加轻松从容。

　　我知道离开有多么艰难，因为我曾经和你同病相怜：我曾是一名罗马史与拉丁文学客座助理教授，对非学术性工作一无所知。我很害怕，世界的

1　本书中不加区分地谈论这些群体，是出于措辞上的多样性，而非出于对这些群体之间差异的无知。我也希望一些读者将来成为教授群体的坚定成员，为学生提供更好的建议。

其余部分到底有多大——我不知道到底有多少人从学术界踏入了其他行业，而这种无知使我胆怯。

这些人往往出于三个原因走到今天的地步：学术的瓶颈、工作外的个人原因，以及发自内心的改行的想法。

学术瓶颈指的是各种工作上的不如意，它们迫使你谋求新的行业。你们大多数人可能都很清楚这些挑战：惨淡的就业市场、项目削减、任期审查未通过，等等。因为这些挑战与你的领域和专业身份有关，所以离开学术界感觉像是在证明你的学术能力不行。

让我来打消你的这种念头。今天在美国，只有约 1.2% 的艺术类和人文类博士项目的学生可以在顶尖院校得到终身教席。[1] 即使不限定是顶

---

[1] 我不得不用各种关于高等教育的统计研究得出这个数字。因为它们的时间框架和学科分类不尽相同，我的计算仅仅是一种大致估计。具体来说，我计算出了下面几个数字：
43% 的人文类专业的博士生实际取得了学位（National Academies of Science, Engineering, and Medicine. 2011. "Data-Based Assessment of Research-Doctorate Programs in the United States."）
2015 年，56% 的人文类博士从事高等教育（Humanities Indicators. 2018. "Indicator Ⅲ -7a."）；
2018 年，27% 的教职工拥有终身教席（American Association of University Professors. 2018. "Data Snapshot: Contingent Faculty in US Higher Ed."）；
2017 年，19% 的历史博士在 R1 类大学工作（American Historical Association. 2018. "Where Historians Work."）。

尖院校，情况也没有好多少。**凡是拥有终身教席的人，只占读博人数的 2% ～ 7%。**从另一个角度看，**十名学者中至少有九名没有从事大多数人起初攻读高级学位时希望从事的行业**。虽然我从不奢望统计数据能让自己感到些许安慰，但这些数据着实让我无力前行。[1] 在这样的市场中，人们在学术上没有成功和失败可言：仅仅是运气的牺牲品。

有些人无论如何都铁了心要搞学术。对于这些人而言，情况不容乐观。美国大学教授协会（AAUP）最近报告说，73% 的大学教授是兼职——也就是说，是按学期签合同、工作不稳定、没有可靠的医保等福利的一种临时性角色。这个群体的四分之一已经被公共救济项目所覆盖。符合救济条件的人数则更多。[2] 想摆脱或逃离这种只能提供很少物质支持的行业，没什么丢脸的：在这种情况下，脱离学术界甚至可能是一

1　关于这些趋势的全面讨论，以及关于女性和少数群体如何尤其受到这些趋势的伤害的更多考察，参见 Joseph Fruscione 和 Kelly Baker 2018 年的著作，*Succeeding Outside the Academy*.

2　Ken Jacobs, Ian Perry, and Jenifer MacGillvary, "The High Public Cost of Low Wages: Poverty-Level Wages Cost U.S. Taxpayers $152.8 Billion Each Year in Public Support for Working Families" (research brief, 2015): http://laborcenter. berkeley.edu /pdf/2015/the-high-public-cost-of-low-wages.pdf.

种解脱。

如果挡在你学术生涯面前的障碍是某个同僚的行为，那么，上文的统计数据带来的安慰或许是徒劳的。性别歧视、种族歧视、残疾歧视所引发的骚扰和不当行为，很可能把才能出众之人从他们的领域逼走，并且阻碍弱势群体获得应有的一席之地。这些现象是很不公平的，我不禁想，遭受偏见的经历如何引发许多人为变革而斗争。我深深祝福这些试图去改变的人们。至于另一些悬崖勒马的人们，我衷心希望本书能尽快帮你找到一份更有前途的职业。

还有一些人离开学术界，是出于工作外的个人原因，比如疾病、怀孕、家庭变故等。这些情形或许会让你付出巨大的代价：你的处境本来就举步维艰了，被迫离开热爱的领域更是雪上加霜。话虽如此，把这些原因导致的改行解读为职业上的失败，同样是很难的（至少是无情的）。毕竟，生活可能给任何人降下一场意外。

不过，身处这个群体至少有一点让人欣慰：你很容易解释为什么你想找新职业。雇主也是人，很多雇主会对导致你改行的艰难处境感同身受，而不会质疑你为何离开人人都觉得你热爱的工作。

人们放弃高等教育的最后一个原因，是发自内心的改行的想法——也就是说，你意识到你不想在这个领域干了。这种情况可能是因为你对自己的研究失去了兴趣，厌倦了"不发表就出局"的恶性竞争，也可能是因为你向往高等教育之外的全新和不同的体验。如果你遇到了瓶颈期或者开始觉得教授不是一份好差事，那么，是时候考虑考虑其他工作了。

当然了，这三大类因素不是相互排斥的。你们中的许多人或许觉得各种因素同时影响了自己的决定。如果你和我一样，那么，几年后你或许会意识到，最后一类因素对你的影响比你现在所承认的要大得多。

天职的陷阱

无论是何种原因导致你谋求新的行业，你都踏上了一段充满挑战的旅程。在这段旅程中，你将体验到个人身份在三个方面的重大变化：

（1）你如何看待自己？

（2）他人如何看待你？

（3）你如何与周遭世界互动？

许多学者——我甚至敢说绝大多数学者——发现自己很难在这三个方面做出改变。作为一个群体，我们总是认为高等教育领域的工作不仅是一个行业：我们认为它是一种天职。因此，在打算从事其他行业时，我们顾虑的不仅是一些实际问题，比如不清楚从事的新工作是什么样的，我们真切地担忧，一旦不再是学者，我们就不知道自己还能成为什么人。

当这种焦虑与上一节讨论的现实因素发生碰撞，它可能会引发一种不良的情绪螺旋。我曾经痛恨就业市场的残酷，责怪导师们没有让我变成更受欢迎的人选，讨厌抢走我工作的准博士们（ABD, all but dissertation）。最重要的是，我埋怨自己在成为终身教授这件事上不够努力，或者没有找准方向。

虽然这些感觉明显是错的，但是，我不怪自己把它们发泄出来。假如你是学术使命的"忠实信徒"，那么，你在适应改行的过程中自然会经历思想斗争。这种情形就好比一次失恋。你之所以在这门学科上投入这么多年，是因为你喜爱它、在乎它。发现你的爱只是单相思肯定会伤害到你——哪怕是在最好的情况下。你面临的挑战是，一旦陷入了这种情绪螺旋，对未知的恐惧就会阻碍你继续前进。

我认为，你有两个理由要抵制这种情绪。第一个理由是，不改行的风险是真实而巨大的。上文说过，73%的教职工是兼职，而且这个群体的1/4是公共救济的对象。这些统计数据或许是触目惊心的，但它们依然没有充分体现兼职生活的负担。这种生活的要求迫使某些人工作到死。字面意义上的"工作到死"。[1]

2019年4月，《大西洋月刊》的亚当·哈里斯（Adam Harris）讲述了西娅·亨特（Thea Hunter）的故事。[2] 她在哥伦比亚大学获得历史学博士学位，毕业后担任了几个不错的临时职位。随着时间的推移，她不得不在多个机构兼职，报酬才能与全职教学相当。虽然她拼命工作，但每所学校都认为她是兼职的教职工。这种认定意味着她拿不到医保，她没法在肺部不适时去看医生。所以她只好用治疗哮喘的方式治疗肺疼。还

1　American Association of University Professors. 2018. "Data Snapshot: Contingent Faculty in US Higher Ed."

2　Adam Harris, "The Death of an Adjunct," The Atlantic, April 8, 2015: https:// www.theatlantic.com/education/archive/2019/04/ adjunct-professors-higher -education-thea-hunter/586168/.

没等她或别人意识到病症的严重性，它就夺走了她的生命。

虽然这个故事是兼职经历中的一个极端，但它反映了更广泛的现实：对于大多数想当教授的人来说，日常生活是举步维艰的。至少对我来说，对从事其他工作的恐惧，甚至对成为另一种人的恐惧，最终都好过凝视个人和职业深渊的那种恐惧。

我反对你因为恐惧而留在学术界的第二个论据（或许不应该叫作论据，而应该叫作保证）是：虽然离开热爱的行业的痛苦是强烈的，而且我们可能很难缓解这种痛苦，但是，这种失望的痛苦最终将会烟消云散。本书采访的每一位前学者几乎都保证了这一点，我在改行过程中认识的人也保证了这一点。现在，我可以用亲身经历确认这一点。

加快此过程的一个办法是缓解这个伤口。在求职的两个月期间，我找到了一个意外的疗伤良药。我坐在电脑前，浏览着各个岗位的要求，正烦恼着它们与学术规则截然不同。然后我突然想到：不管我最后拿到哪个岗位，不管它多糟糕或多麻烦，至少我再也不用为了工作而阅读德语学术作品。

这个发现让我深深地松了一口气。虽然已经打了多年交道，但我始终认为跟德语有关的任务是一件苦差事：我在研究生院的时候尽可能地推迟了我的语言水平测试，而且我在研究过程中故意先处理英语、意大利语和法语文献，最后才用德语进行阅读。因此，一想到不用读德语我就嘴角上扬，这一点并不让我感到意外。但是，这种不受控制的反应还引发了另一个确实意料之外的领悟：一想到不用当教授我就笑了。

读者指南

正如本书副标题所示，本书是一本"实用指南"。本书的六章将为你保驾护航，让你战胜考虑教授以外工作时的恐惧，安然度过适应第一份非学术工作的时期。

每一章代表了这段旅程中的不同阶段，利用我的改行过程中的一个事件——以及对我的处理方式的评估——来提出更具普适性的建议。每一章的讨论从三个问题开始。每经历其中一个阶段时，你就要回答关于你自己和你的职业生涯的三个问题。虽然这三个问题不是详尽无遗的，但是，它们可以更清晰地集中你的思维，帮助你判断应该在哪些方面投入最大努力。接下来，每一章会给出建议、事例、实用步骤，帮助你走近学术界以外令人满意的行业。每一章结尾是三条行动细则，帮助你开始把我的指导付诸实践。

我精心安排了本书的内容，你既可以按章节顺序一口气读完，也可以跳着阅读你感兴趣的部分。我的目标是让每个单元尽量简短，让本书对使用者尽量友好。

延伸阅读与其他资源

本书所提供的指导旨在详尽无遗，哪怕关于这一主题你只读了本书，你也能成功地改行。不过，其他资源也是有用的，包括"怎么做"指南（how-to guide）、对前学者的咨询、"退圈秘籍"（quit lit）、求职者社区，甚至还有为人们离开高等教育界去更广阔天地提供建议的教练。

我建议你把本书作为一个起点。读完本书，你就有了关于改行的最佳做法的参照点，可以帮助你从所接触的任何专业资源中汲取更多的价值。如果你决定这么做了，简单浏览本书，可以帮助你在浩如烟海的材料中找到方向。

上一代人的标准参考书，是苏珊·巴萨拉（Susan Basalla）和麦琪·德贝柳斯（Maggie Debelius）的《那么你打算做什么？》（*So What Are You Going to Do with That?*），已经出到了第3版。该书如今依然是关于如何踏入学术界之外的行业的丰富的材料来源，特别是因为它打破了为新的就业市场而重塑自我的机制。《那么你打算做什么？》的另一个特色是它收集了从学术界成功转型到新职业的一系列事例。你是不是在寻找跟你学位一样的人改行的例子？《那么你打算做什么？》中或许就有你想要的例子。

该书的一个缺点是，书中的众多故事让你无法细致地考察任何一个例子。在我看来，这意味着你学会了该做**什么**，却没学会该**如何做**。一系列至关重要的问题根本没有回答：人们一开始是怎么遇到挑战的？他们在哪里产生疑虑？他们如何克服挑战？

简单说，《那么你打算做什么？》给你的印象是，一个博士可以做成任何事。这种印象是非常可贵的。但是，该书提出的按部就班的过程，往往没有揭示那些在我看来导致从学术界改行如此困难的习惯和思维方式。

另一本更有效地解决这个问题的书，是约瑟夫·弗鲁肖内（Joseph Fruscione）和凯利·贝克（Kelly Baker）的《在学院外获得成功》（*Succeeding Outside the Academy*）。该书收录了14 位前学者撰写的文章，每篇各占 10 页左右，共分为两大类别。第一大类是"重新思考学术生涯与成功"，第二大类是"创造新的生涯"。相比于《那么你打算做什么？》，这些回顾性文章讲述了更完整的故事——既让你对这些作者与你类似的经历感同身受，又让你从这些作者离开学院的经历中汲取教训，在二者之间取得了巧妙的平衡。

话虽如此，《在学院外获得成功》也有一些缺点。首要的缺点是它缺乏一致性。虽然该书的故事很典型、很有说服力，但是它们没有构成一部统一的作品——这当然是因为作者各不相同。第二个（更棘手的）问题是，读者或许很难知道在什么时候应该参考某一章的内容。《在学院外获得成功》没有用一条脉络串起一个改行的过程，而且编辑划分文章的两大类别也不够精确。这些缺点虽然不会抹杀该书的优点，却使得该书更适合作为次要的资源而不是基本指南。

《高等教育内幕》（*Inside Higher Ed*）和《高

等教育纪事》（ *Chronicle of Higher Education* ）等出版物也会发表关于离开学术界的文章。这些评论文章的质量参差不齐，既有各种"退圈秘籍"，也有实用建议的细致论述。虽然有些人可能会提供对你有用的专业帮助，但是他们对我最有价值的帮助，往往是在我无法呼吸时提供了一缕新鲜空气。

2017 年，在教师合同到期前的最后一学期，我整天提心吊胆。我距离找到非学术工作还差十万八千里，但距离最后一次发工资不到六个月了。迈克尔·齐姆的《从荷马到高科技》就像是一场及时雨。[1] 这篇文章不仅为加快我的求职提供了实用建议，而且帮助我克服了对失业的恐惧。我被迈克的建议所打动，以至于我马上决定联系他。正如你将在下文看到的，这个决定间接导致我踏入新行业——而且让我获得一个亲密的朋友。这些"学术难民"的在线社区，[2] 也是你可以用来加速离开高等教育行业的一类资源。无论你住在哪里，这些团体都可以把你与新的人群、

1　Michael Zimm, "From Homer to High Tech," *Chronicle of Higher Education*, January 23, 2017: https://www.chronicle.com/article/From-Homer-to-High-Tech /238982.

2　不得不说，我还没见过或造出一个我特别喜欢的指代前学者的术语。

行业和机会联系起来。由来自你的学科的成员组成的团体，往往是最有用的：他们能理解你改行的具体挑战，并能更清楚地知道摆脱学术身份后你的工作将是怎样的。

这些团体包括了专门帮助学者在其他领域找到满意工作的企业。本书篇幅不允许我列出完整的清单，不过我还是推荐几个，为你提供一个起点：[1]

- 教授以上（Beyond the Professoriate）

- 解放博士（Free the PhD）

- 职业启航（IncipitCareer）

- 幻想博士（Imagine PhD）

- 吐司上的工作（Jobs on Toast）

- 博士有前途（PhD Matters）

- 博士来了（The Professor Is In）

- 万能博士（The Versatile PhD）

1　我和其中许多组织有来往。我给 Beyond the Professoriate 写过一篇关于调整生活和职业目标的博客。该组织的联合创始人耶恩·波尔克（Jen Polk）阅读了本书的初稿。IncipitCareer 的克里斯蒂·洛奇（Kristi Lodge）和 Free the PhD 的瓦尼娅·曹（Vania Cao）都是我写作过程中的采访对象。PhD Matters 的约翰·保拉斯（John Paulas）是我的读者之一，他主持了古典学年会的一个交流活动，我从一开始就参加了这个活动。Jobs on Toast 的克里斯·汉弗莱（Chris Humphrey）提醒我要让我的建议更贴近英国读者。

虽然在线社区可能是千差万别的，但是它们无法与社交媒体上的内容相提并论。推特、领英和脸书提供了源源不断的反思、建议和抱怨，可以帮助你度过改行的每个阶段。问题在于这些平台没有结构性。它们或许为各个主题提供了好的对策，但是我们无法在某个地方一口气找到这些对策——更不用说把这些对策排列成合理的顺序了。结果会是什么？我们很容易淹没在信息的洪流中。如果想要寻找更多建议，就必须摸着石头过河，不过，你首先可以利用本书来找到立足点。

敬告读者

我的建议不是万能的。我收集了一些指导，相信它们能帮你找到让你快乐的新行业，不过有些人比其他人更容易实现这一目标。你投入的时间、遇到的人以及你与学科的情感纽带都会影响到最终结果。虽然个人性格会在改行之后有所变化，但性格还是会影响你离开学术界走上新道路时的感受。

大卫·恩格尔是一个极端的例子。他满脑子想的都是当一名学者，他受到的训练是当一名学者，而且认为他唯一能做的事就是当一名学者。可是，成为一名职业哲学家的残酷现实让他不堪重负。在担任终身教席的四年里，他没有任何爱好，他对围绕着成功教师的个人崇拜失望透顶，而且每周末要花几小时开车去另一个城市和妻子见面。

2001 年的一天，妻子就事论事地告诉他，他其实并不开心。一开始，他没有理会妻子的论断。但是那个星期天下午开车回家时，他的狗狗在车后座把头靠在他的肩上蹭来蹭去，他转过身来，突然意识到妻子是正确的。

大卫还在为离开的决定而挣扎。他觉得放弃自己的专业领域就像一个骗子——而且他是在没有计划的情况下辞职的。不过，失业期为时不久。他出色地从临时机构的数据录入工作转型为一家银行的长期职位。他后来一步步走上这个领域的顶峰，现在成了富国咨询的常务董事。

虽然大卫在新行业取得了惊人的成功，但是他很难摆脱离开学术界时体验到的不安和恐惧。几年前，那时他已经事业有成，妻子发现他徘徊在他们为那些旧的学术书订制的书架前。"你又是这副样子，"妻子说，"你总说你是失败的。"这一次，她的论断又是正确的。撰写最后一篇学术论文已经是十年前的事了，可大卫依然感到一种挥之不去的悲伤。

　　我们要明确一点，这不意味着大卫不喜欢他的工作或后悔离开了学术界。事实恰恰相反。只不过，大卫和我们大多数人一样，把学术视为一种天职，认为学者是唯一定义他身份的元素。回头看来，他明白这种态度是错误的——而且他对工作的这种态度使得改行难上加难。

　　我的一位同事则有着截然不同的经历。虽然他在学术界混了十几年，但他一下子就爱上了商界的速度、挑战和报酬。他几乎毫不怀念当一名教授的日常生活。事实上，他刚开始做咨询工作不到三个月，一所常春藤盟校就邀请他面试一个终身教席。他甚至都没有抽时间考虑它：一旦他知道生活可以是新的模样，回到学术界就成了难以想象的事。

　　这些故事未必——也并不意图能准确反映你的经历。相反，它们代表了放弃作为天职的行业时你身处的情绪光谱的两个极端。它们还提供了一个有用的教训：不管你多么热爱学术生活，你都可以通过谋求另一份职业获得更大的满足和快乐。

　　这种保证不是随口说说的：它是有数据支撑

的。2018 年，康奈尔大学高等教育研究所发布了一篇论文初稿，详细地论述了学术界以外的博士如何比当教授的博士表现出更高的工作满意度。[1] 这项发现中的一点可能会给你特别的慰藉：即使是不情不愿地离开自己专业领域的人，也表现出更高的幸福感。

隧道尽头的光明

伊丽莎白·塞格兰经常进行这样的对话。从学术界改行到新闻业之后，她开始明白，离开自己的学科必然是困难的——而且在走上正轨之前，你的处境往往会越来越差。这里的麻烦在于，对挑战的预期常常会阻碍人们投入新的行业，让人们困在临时性学术工作的循环之中。

---

1 Joyce B. Main, Sarah Prenovitz, and Ronald G. Ehrenberg, "In Pursuit of a Tenure-Track Faculty Position: Career Progression and Satisfaction of Humanities and Social Sciences Doctorates"（论文初稿，2018): https://www.ilr.cornell.edu /sites/default/files/CHERI%20WP180.pdf. 参见 Colleen Flaherty 为《高等教育内幕》撰写的论文初稿报告，December 18, 2017: https://www.insidehighered.com/news/2017/12/18/study-humanities-and-social-science-phds-working-outside -academe-are-happier-their.

伊丽莎白热衷于提醒像你这样的人，你的前景从长远来看会越来越好。你已经具备了普通人不具备的技能，比如写作、研究和分析能力。你缺乏的通常是关于特定主题或工作环境的知识。一旦你获得了这种经验，你就会成为市场上的抢手货，可以比同僚们得到更快的晋升。

当然，你面临的挑战是克服你和新知识之间的障碍。许多学者之所以十分受挫，是因为非教授职位的第一份工作不是他们想要的。有些人讨厌提问（换言之，他们只恨自己不是专家）。另一些人不愿意当一名 30 岁的实习生，与 21 岁的"同僚"共事。有的时候，朝九晚五的日常太过无聊，或者职场动态与学术常规有天壤之别。你是什么人，做了什么事，是无关紧要的：每个人都会在改行过程中发现某些烦心事。

但是，忍受这些"烦心事"，对发展有助于未来成功的知识或技能是必需的。一旦你适应了新环境，你的情况就会迅速得到改善。比起有很多经验却很少接受学习能力的正式培训的人，你可以更快地理清头绪，更轻松地综合各种信息，更清晰地解释复杂的话题。你的新同事将会看到你的能力，大多数人会欣赏你在研究生院多年磨炼的技能。才能、智慧、干劲是永不过时的。

所以，克服向恐惧投降的冲动吧——你在改行过程中失去的东西比想象中的更少，而你获得的东西要多得多。

虽然你现在可能无法想象离开学术界的好处，但它们绝对是真实和有形的。我们先说一个显而易见的好处：工资通常会更高。在靠着微薄收入生活这么多年后，当你发现自己可以负担额外的开支，肯定会松一口气——而且你不会被要求承担出席一场必要会议的费用，或搬到另一个国家的费用。随着时间的推移，改行还会让你免除不停应聘的辛苦、与家人朋友分居的恐惧，以及让你无暇顾及生活的沉重负担。

把你的自我和你的工作分开，会让你感到自由自在。我刚踏入学术界时，想要塑造年轻人的思想，改变未来学者解读罗马文学的方式。这种目标让我觉得我的工作很重要——而且给了我一种意义感。可是，我的日常工作很少符合这些高尚的目标。相反，我整整十年都在试图改变与全球仅有的 50 位受众展开的学术讨论，以及逼着学生们记住拉丁文语法的细节。

现在，在把时间、金钱、才能投入其他追求的过程中，我获得了更多的满足。我的工作只不过是一种养活自己的方式。虽然我很享受它，也为做好工作而自豪，但我不会自欺欺人地认为它是我的全部，或者它必须具有哲学意义才值得为之努力。

事实上，我惊讶地发现，比起在学术界，在商界工作更能满足我所在乎的共同体和事业。我能为这些共同体提供更多、更定期的捐助——我的新经验让我可以为他们出谋划策，帮助他们推动他们的使命、最大化他们的影响。每当我重新思考关于我的工作的哲学意义时，总的来说，我的新职业显然让我走得更远。

工作的广阔天地

今天，许多蓬勃发展的行业——比如信息技术、数据科学、医疗——为拥有高学历的人提供了可行的职业选择。虽然这些知识经济的拥护者追求的是实用而非思想的目标，但他们通常来自高等教育界，而且与高等教育界保持着某些文化联系。

因此，这些领域的工作可能比你所预期的更加熟悉。就像在学术界一样，你将要应对复杂的难题，综合不同领域的数据，并提出创新的方案。二者的主要差别是衡量成功的标准：解决人们面临的难题的结果。不过，我采访的许多人很快补充了第二个更实用层面的差别：用PowerPoint 的"幻灯片"（deck），[1] 而不是用多章节的文档来呈现研究结果。

在把所受的人类学训练用于蓬勃发展的设计研究领域时，苏珊·科恩学到了这些教训。在离开学术界的第一份工作中，她利用参与观察法（participant observation）帮助企业制造更好的医疗设备。正如她所描述的，这份工作类似于田野调查，不过不需要理论：现在，她带着改进人们在诊所、手术室，甚至家庭中使用的产品的目标，来研究他们。

苏珊在涉足新的专业领域的过程中继续积累她的经验。虽然爱思唯尔首席用户体验研究员这份工作不需要以往那种直接的民族志观察，但是，她依然会收集定性数据，利用她的发现使产品对用户更有价值和更直观。事实上，她在这个岗位上的主要项目比她想象的更接近以往的生活。她在一个团队中服务，搭建并不断改进"艾莎"（Elsa）——一个基于网络的学术、科学和

---

1 slide deck 或 deck 是幻灯片的非学术说法。

医学书籍出版工具。

　　她所接受的博士训练也提供了意外的好处。在离开学术界后担任的几个岗位上，她打交道的都是本身有高级学位的人。这些人包括参与她的研究的医生、医疗专家和大学教授，以及在各自受训的领域外获得成功的同事们。这种接触点（point of contact）比其他方式更快地帮助她建立亲和关系——并且很快在高度重视专业性的受众中奠定了她的信誉。

　　虽然苏珊的职业生涯显然与学术界的过往一刀两断了，但她依然能看到延续性的迹象。在现代经济中，这是说得通的。虽然苏珊必须学习新的技能和设定新的目标，但她从高级学位中获得的训练和习惯让她在学术、医疗和信息技术领域的提议具有额外的价值。她现在的公司清楚地知道她带来的好处：入职不到两年，公司就让她晋升了。

结论

　　大多数人在开始这段即将踏上的旅程时，万分担忧将会发生的事。我们必须直面这些恐惧。对于大多数学者而言，离开这种"思想生活"

的最大障碍就是承认"其实你是想离开的"。一旦认识到这种心理限制,你就很容易想象和采用新的范式,把工作与个人身份和更广泛的目标联系起来。

你不是一个人走在这条前行的路上,你甚至有理由为道路前方的东西感到兴奋。不必担心路上有一些黑暗的地方。直面恐惧会赋予你直视前方的力量。如果你曾经怀疑自己将如何度过这段旅程——或者想退回熟悉的地方——那么,你现在可以放宽心,因为你知道本书的向导本人和许多相似之人都安全地走完了这段旅程。

行动细则

(1)开始写一本行业日志。第一篇日志应该说说你为什么进入学术界,离开学术界是什么感受。

(2)和某个你信任的人坐下来,开诚布公地聊聊你为什么想离开高等教育界。

(3)做些事情庆祝一下!你即将开启新的篇章。

第 2 章　鉴别期

几年前，我的妻子马洛里进入了中西部农村一所小型基督教学院的终身教席的决选。虽然那个地方表面上很适合她，但是她参观校园后发现现实不符合她的期待。她已经做好心理准备，认为这个学院将是小而虔诚的。但是亲身体验之后，她才发现，学院的价值观和教师行为准则比它们的广告和招聘信息所暗示的更加严格。学院的某些政策完全违背了她所坚守的信念——更不用说我的信念了。马洛里回到我们在新奥尔良的家中，她觉得，她表现出来的明显不适感，会让她被排除在考虑范围之外。事实上，这个结果正是她想要的：她当下就明白这所大学不适合她。

十天以后，院长打电话说她入选了这个岗位。她尽量表现得很兴奋，但没有给出什么承诺。幸运的是，我成了她的一个好对策：学院知道我也是一名学者（算得上是同一领域），而马洛里强调，她能否接受这个岗位，一定程度上取决于我能否在当地找到工作。院长没有拒绝。他邀请我们坐飞机过去一起考虑这个机会，还说雇用夫妻二人可谓是锦上添花。

我们没有预料到这个变数。突然之间，抉择变得更加困难了。马洛里很快开始怀疑起她在校园里的**真实**感受：她是不是只在参观时感到焦虑？她的偏头痛是不是降低了她对这个小镇的好感？是不是因为她在一月份到访，所以学院显得黯淡无光？很多理由都表明，在我们的细看之下，这个小镇可能比她起初所想的更加宜居。但是，接受职位的期限已经迫在眉睫了。做出选择的办法只有一个：我们订了机票，打包了行李，北上度过了为期三天的周末。

虽然我们对马洛里在学术界的求职即将成功持谨慎乐观态度，但是，我们俩都无法打消忧虑。这个地方真的很冷（两种意义上的冷），而且离最近的城市比我们想象的更远。除此之外，到了讨论他们给我提供的岗位的实际待遇时，他们给出的条件与其说是配偶雇佣（spousal hire），不如说是缓兵之计：第一年先兼职，"然后我们再决定"。

我们内心都深知，这份工作不合适。即便如

此，我们还是很难相信自己的直觉。在研究生院，我们一直被教导，取得终身教席是我们如此努力、如此长期、在如此低的工资下工作的唯一原因。即使我们一直都知道自己会面临双职工的"双体问题"（two-body problem），但是我不知道我对这份工作的焦虑是出于担忧还是嫉妒。在坐飞机回家的途中，在我们深知对家庭来说是正确的东西，与我们认为事业成功所必需的东西之间，我们反复权衡。

由于不知道怎么做，我们向其他学者征求意见。虽然有几位学者尽可能帮我们分析了利弊，但是他们没有给出太多新思路。这也没什么奇怪的：学者们很少会拒绝一个终身教席，除非他们有更好的邀约。2015 年，当我们在网上搜索建议时，只搜到两个结果。两个例子中的职位都是因为个人健康或家人健康而被拒绝的。在我们当时的处境下，网上同类例子十分罕见，这似乎在发出警告：没人会拒绝摆在马洛里面前的这种邀约。[1]

1　其实这不是真实情况。一些学者**确实**放弃了终身教席，或是为了摆脱令人失望的处境，或是为了谋求不同的行业。不过，在许多圈子中，这种选择依然是禁忌；因此，放弃终身教席后依然留在高等教育界的人往往对此闭口不谈。正因为这种态势，从我们的角度看情况十分糟糕：学者是我们认识的唯一人群，所以，拒绝终身职位这条路似乎是走不通的。

一些同事甚至劝说马洛里接受这份工作——并且加上了一个警告。他们说，在一年 500 多名申请者竞争不到 35 个终身教席的情况下，拒绝聘用可能会损害她的声誉，并让她的学术生涯就此告终。这种恐惧已经潜伏在我们的脑海中，虽然我们怀疑它不是真实的，但我们没有任何正面的证据来反驳它。

雄心壮志和忐忑不安拉扯了将近一个星期。最终，马洛里做出了一个心痛的决定：她放弃了追求将近十年的至爱之物。

承认我们遇到了麻烦

正当马洛里和我努力鉴别我们在个人生活和职业生活中想要什么的时候，我们意识到，我们过去忽略了这个等式中的许多变量。这种条件反射是可以理解的。如同大多数学者，我们早就习惯了重大的生活选择在我们的掌控之外。

虽然你可能早就明白这一点，但是，高等教育行业对在其中工作的学者提出了特殊的要求。实际上，学术界的就业市场非常奇怪。你是否还记得，你在节假日的晚餐上解释招聘周期时家人们疑惑的眼神？不是因为你胡说八道，或者你没有解释清楚。这是因为学术界对你的限制截然不同于其他行业的从业者的经历，它们简直令人难以置信。

　　哪怕只关注本章开头的故事，我们也能发现，高等教育在五个方面阻碍了我们做出重要的人生选择：

- 地点。论文答辩后五年之内你能找到什么工作，很大程度上决定了你能在哪里生活。
- 取舍。你能否拒绝一份工作，可能取决于你能否在一年内接到多份邀约。
- 时机。你只能在 8 月到 11 月期间申请长期工作，在 11 月到次年 4 月期间申请定期职位。
- 伴侣。如果你有伴侣，不管你在哪里找到工作，伴侣都得跟着你——除非你们可以分居。
- 教席。你的合同类型决定了你能否继续从事你擅长的工作；换句话说，你被聘为兼职教授、客座教授还是助理教授，比你的教学质量、学术成果或群体影响力更加重要。

如果你想为高等教育对你的要求开脱，那么接受这五种想法或许是说得通的。但这些限制不是正常的，接受它们并不是思考你的工作的健康方式。一旦你决定离开学术界，就该抛弃这些态度了。

对我和马洛里来说，那所基督教学院的工作促成了这个抛弃的过程。它带来的教训是非常深刻的：她发现终身教席不是她想要的学术道路，而我被迫承认彻底不当教授才是最好的。

不管是什么导致你准备离开学术界，这种局面都给了你一个独特的机会，可以重新评估你想要的生活和价值。你不仅**能够**回答这些问题，而且**必须**回答它们。当你把目光投向象牙塔之外时，保留那些对你的思维的旧限制，将阻碍你找到成功和幸福。

而摆脱最初对非学术工作的恐惧，会引导你进入一个鉴别期。大体上说，改行的这个阶段，要求你回答三个问题，这三个问题将影响你接下来的旅程：

（1）你想从生活中得到什么？

（2）你想从职业中得到什么？

（3）你如何最好地协调二者？

这些问题几乎是最大的问题，坦白说，我不能直接告诉你该怎么思考。你的答案必须由你自己给出。不过，我可以给你一套框架，让你胸有成竹、有条不紊地处理这些问题，并且可以准确鉴别出一套你能接受的价值观。

我在本章中描述的策略有助于你用广阔的视野来看待你的生活和行业——不再把某一份工作视为幸福的唯一决定因素。为了达到这个目标，你必须打破你很容易在个人成功和职业成功之间做出的人为区分。不过，这种鉴别本身不是目的。它的价值在于它让你有能力做出更明智的决定——有能力**采取行动**。

重获你的人生选择

一旦离开了学术界，你的个人和职业生活的五个方面就回到了你的掌控之下：地点、人际关系、职业轨迹、薪水、工作的意义感。评估这五个领域对你的重要性，是进入新行业的关键第一步。随后，这些决定让你可以更快、更坚定地对行业选择进行优先排序。

虽然在鉴别的过程中思维发散一些是好事，

但是请记住，这五个范畴可能会相互交叉，优先考虑一个范畴必然会波及其他范畴。

举几个例子可以更清楚地说明这种风险。决定与留在学术界的配偶住在一起，可能会阻碍你选择居住地。同样，虽然搬到硅谷可能会打开科技的大门，但它也迫使你谋求高薪职位以支付高昂的生活费用。权衡利弊是不可避免的，但请不要让它们阻止你采取行动。你要牢记你选择了什么，为什么如此选择，然后踏上一条最接近你价值观的道路。

我们先看看离开学术界后重获的一项主要权利：决定住在哪里。从基本层面看，这一选择可能意味着在城区、郊区、农村之间选择。你甚至可能把改行作为在外国生活的一次机会——或者在长期工作后回国的一次机会。

虽然理论上选择是无限的，但大多数人的选择实际上是有限的。生活成本或许决定了你能否负担某个地区的定居费用，而想在外国生活的人可能要学会讲当地的语言。地理环境也会限制你能从事的具体工作。毕竟，你可能更倾向于在家附近的某个机构找到工作。普普通通的数字也会让你的求职变得更容易或更难：在你的居住地设立办事处的政府部门、公司和慈善机构越多，你找工作就越容易。不过，这个普遍规律不是绝对的：你有可能找到某个远程岗位，可以在任何能够安全访问互联网的地方工作。

——

　　人际关系是你要自行考量的另一个因素。你想离兄弟姐妹或父母更近，还是更远？这得由你说了算。你也可以如愿居住在有一帮朋友的地方。这个地方可能是你长大、上大学或读研究生的地方，不过它同样可能是一帮朋友都找到工作的地方。他们具体**在哪里**，并不重要。如果你觉得靠近所爱之人是重要的，那就把求职和这个优先事项关联起来。

　　这种选择自由，对于有伴侣的人来说尤其振奋人心。我知道与伴侣分隔两地——并且担忧彼此的工作会让这种局面持续下去的感觉。假如你目前遭遇了这种局面，那么离开学术界将消除很大一部分焦虑。

　　你们有些人可能有更迫切的担忧。如果学术界的不安全感和要求妨碍了你组建家庭，那么你现在可以自行考量你是否想要组建家庭。如果你的答案为"是"，这就带来了一系列次要的考量：哪个地区有最好的医院或学校？在哪里最容易找

到长相厮守的伴侣？哪些地理环境让你很容易
适应？

———

你还可以把这种鉴别运用在职业轨迹上。不
过，我指的不是你靠**什么**谋生，而是你希望这份
职业在你的前行路上**如何**发展。两个简单的例子
就能说明这一区别。

让我们从熟悉的路径说起。大多数学者在
他们的职业中遵循我所说的杰出模式（minence
model），在某一领域奠定杰出的声誉，然后努力
成为该领域的领军人物。晋升更高级别虽然很
常见，但它不会明显改变你的日常工作。不管
是助理教授还是正教授，你都要主持课程、实
验、研讨班；开展研究；在各种论坛上展示你的
成果。

这种职业弧线是最初吸引克里斯·帕帕佐普
洛斯进入学术界的原因。他在成长过程中目睹了
许多家庭成员从事医学工作，这是一个专家通过
不断深化专业知识而进步的领域。因此，从事物
理学的好处是二者有异曲同工之处——很容易向
希腊的亲友们解释。只有到了这条路走不通的时
候，克里斯才寻找一条新的出路：他不再为粒子

加速器搭建复杂的计算机模型，而是担任卡玛信用的数据科学家。

不过，其他职业道路也是可能的。迈克尔·齐姆希望利用他的历史学博士学位获得一个院长职位，成为一名教务长，甚至成为一位大学校长。他打算在各个级别上进行教学和开展研究，不过他认为自己的日常任务会随着职业的演变而演变。不同于上文所说的杰出模式，我把这种模式叫作领导模式（leadership model）。在这种模式中，你在某个机构中立足，深入地了解它，然后随着时间的推移逐步负责该机构的运作。

不同于在哪里生活、和谁一起生活，鉴别理想的职业轨迹要做的是，把从事什么工作和如何奠定职业声誉区分开来。在这个更高的层次上思考可以帮助你想象研究和教学之外的工作——而且或许能让你明白，学术界提供的职业弧线从来不是你想要的。

不过，这套框架有一定局限性。首先，职业轨迹的模式就像股票的类型。很少有人完全遵循其中一种模式，而且其他模式（和比喻）可能更好地反映了你的期待。如果你对其他模式感兴趣，网上可以找到大量资源。其次，这些职业选择不是绝对意义上"正确的"。你最终必须找出一条符合你个性的道路，找到可以把你带到目的地的职业。

———

薪水是你在改行过程中需要鉴别的第四个领域。找到教授教职之外的工作的人，会认为这个话题比几乎其他所有话题都重要——而且他们明白这是学术界羞于启齿之事。职业咨询师证实了这种家喻户晓的传闻，并且表示这种态度尤其盛行于人文学科的学生之中。

这个问题在我看来是一个关于文化适应（acculturation）的问题。研究生期间，老师教我们要热爱我们研究的东西，而且告诉我们赚钱不是我们的天职。随着时间的推移，这种观点在我们的心中扎根，我们开始将一定程度的贫穷（至少不富有）与我们的工作本身联系起来。

这种信念会导致你遭受许多本不该容忍的屈辱。我们都认识这样的人，他们为了搬到国外从事一年工作而花费不菲，或者在为出版社评审稿件时只得到"书面回报"而非金钱报酬。这些负担甚至可以成为一个自豪的标志，因为学者们试图比同僚们更多地表现他们对使命的奉献。

已经离开高等教育界的人的普遍共识是，一旦你抛弃这些信念，对你的职业和报酬采取更务实的态度，生活会变得更好。无论你最终认为财富不是你的首要关切，还是认为财富本身值得追求，你都无法回避一个简单的现实：金钱是我们社会用来帮助人们获得想要或需要的商品和服务的工具。无论你如何浪漫化你的赚钱方式，都无法改变这一基本事实。

与此同时，坚守一种贬低金钱价值的理想主义往往会适得其反，因为它允许学术机构剥削最在乎这些机构的人。虽然史蒂夫·乔布斯热衷于用技术改变人类的生活方式，但没有人建议他应该无偿工作。我提倡你用同样的方式来思考金钱。想从你的工作中获得合理的报酬，这没什么可耻的——我们没理由嘲笑向雇主索要合理报酬的观点。

你的学术背景必然会影响你对这个话题的看法。虽然大卫·恩格尔是一名学者，但他渴望过波希米亚式的生活，摆脱财务的烦恼，把精神生活放在首位。学习柏拉图和亚里士多德给了他正式的语言和思想上的伪装，来捍卫这一立场：他们指责为金钱而烦恼是自甘堕落，并呼吁追随者重视真理和理性。[1]

尽管有这种使命感，大卫在研究生期间依然与教授们共进晚餐，培养对葡萄酒的爱好，并学会欣赏一件优质羊毛夹克的做工。一开始，短视让他对这些矛盾视而不见，几年后才明白自己短视的原因：他的出身很像他研究的古代哲学家们。虽然他们坚信真理高于一切，但是他们个人处境的优越意味着他们没**必要**工作——所以他们很容易宣称金钱并不重要。

但是，由物质构筑的安全网对于预防心理崩溃是徒劳的。大卫在多年里一直把身份认同等同于思想上的使命感，但是对新行业的追求迫使他寻求新的自我意识。在这样做的过程中，他不得不面对这一事实：他对于自我的旧看法没有映射到现实中——他甚至因为爱慕虚荣而内疚。这种认识使得离开学术界对他而言愈发困难，尤其是当他在一家大银行的数据录入隔间里开始新的职业生涯时。

十多年过去了，大卫现在是富国咨询的常务董事，金钱（有点讽刺地）成了他职业生活的核

1　古代哲学最大的讽刺之一是，几乎每个鄙视金钱的思想家都过着属于精英阶层的舒适生活。

心。虽然改行带来了挑战，但是他过去研究的哲学中高尚的层面依然存在：大卫依然珍视智慧，定期参加职业论坛，给学者们提供建议来避开他年轻时踩过的陷阱。

克里斯蒂·洛奇的经历则截然不同。因为被单亲妈妈养大，所以她从小就知道有足够的钱来付账单是很重要的。因此，她在攻读中世纪研究博士学位时，对所谓的精神生活没有什么情感依恋：她知道在金钱上不能妥协太多，现实中的财务困境是应该避免的。

在大卫那里"为更高理想牺牲自己"的个人叙事，在克里斯蒂这里没有分量。一旦接到新的工作邀约，她就会用她的生活成本和其他开支来衡量这份工作。这种计算不难，却非常有力：因为她知道每个月现金流的收支平衡点，以及她想存多少钱，所以她能擦亮眼睛与对方谈判——而且能站在更强有力的立场上为自己说话。

如今，克里斯蒂在财务安全和个人真诚之间取得了一个适合她的平衡点。她白天是俄勒冈大学伦奎斯特商学院的就业咨询师，晚上则经营自己的公司，帮助学者在其他行业找工作。

上述故事展示了你离开岗位后看待金钱的几种态度。当然了，没有所谓的正确答案：你可以决定你的薪水是至关重要的还是无足轻重的，或是介于两个极端之间。在做出评估时，请诚实考虑你希望金钱在生活中扮演的角色，并由此进行优先排序。

———

最后一个鉴别的领域，是工作的意义感。上文说过，许多学者认为他的职业生涯是一种天职。有了这种使命感，你就感觉你做的事在真实的、生存的意义上是重要的。无论你是在推进人类知识的极限，还是在塑造下一代公民，责任似乎都很重大——而且这项工作很值得做。

但更重要的是问问自己，通过为谋生而劳动来支付账单有多重要。有些人满足于从事"一份工作而已"，他们在爱好、家庭或慈善工作中找到更深层的满足感。另一些人则不满于职业与价值观没有紧密地结合起来。

在考虑你希望站在哪种立场时，请注意不要混淆一个机构的税收结构与推动它工作的使命。通常，你会为这三类雇主工作：（营利性）企业、（非营利性）基金会和慈善机构、政府（公共部门）。虽然这三种称号听起来好像提供了关于该机构所做工作的有用信息（至少说明了该机构的优先事项），但是它们在实践中帮助不大。

首先，许多营利性公司为世界做了大量贡献。它们提供基本的服务，提高人们的生活质量，支持与它们的企业使命、员工价值观或它们所在社区的需求相一致的慈善机构。相反，很多非营利性基金会的存在是为了促进某种利益，而不是向有需要的人提供直接援助。当我在 2019 年撰写本书初稿时，全球各地的政府项目比以往任何时候都更加政治化，它们的许多活动是由党派狂热而不是由需求和共识驱动的。

"社会创投"（social ventures）的出现让这一局面愈发复杂。这类组织既旨在解决困扰社会的系统性问题，同时又属于营利性机构。质疑者可能认为这种模式是在利用苦难，但它确实可以促进公共利益。让我来解释一下。采用营利性的税收结构使社会企业能够吸引投资者而不是捐赠者。获得更大的资金池可以让公司比慈善机构更容易资助创新，增加公司的问题解决方案。简而言之，社会创投可以更快地产生更大的影响。赚钱依然是他们的目标之一，但利润不是他们的主要动机。

我知道我有点避重就轻了，但我想表达的是一个明确的观点：一个组织所做的工作类型更多地取决于其使命、文化和价值观，而不是其法律结构。在判断你有多关心你的工作对世界的影响时，这些属性才是你需要考虑的。

本书目前的讨论都假设你会为他人工作，但是你们有些人将选择**创办**一家企业或非营利组织。虽然这条路有它的挑战，但它的回报是你可以更好地掌控你做什么、做多少、与谁合作。当你把工作与价值观关联起来时，你不得不成为意义的唯一决定者，以及如何追求意义的唯一决定者。

老实说，我在开始求职时并不了解这些区别。我认为非营利组织是好的，而公司是坏的，我很难想象我担任的职位与教育毫不相干。有些工作我认为在形而上学层面是好的，我也很在乎这类工作——并且一想到要给企业卖命，我就惊慌不已。

今非昔比。如今，我的工作是为一个巨大的营利性组织招揽新业务。但是，不像你所预料的那样，我不必在价值观上做出妥协，来弥合过去的想法和现在的角色之间的反差。恰恰相反，我必须重新定义，利用我的职业为社会带来影响意味着什么。

改变我的视角的一个方法，是重新思考"重要性"这一概念。我一直假设我的学术工作比学术界外的人们试图应对的挑战更加复杂，而且错误地把困难等同于重要性。对其他行业的了解很快纠正了这一误解。事实上，如今公司、非营利组织和政府所承担的工作，与我在图书馆构想的那些最困难的项目一样棘手，一样需要深思熟虑。许多工作甚至有过之而无不及。

当一份工作事关重大时，你必然会感受到它有多么不同。作为一名学者，我研究一位在全球读者寥寥的冷门罗马诗人。没有人会因为我的见解而变得更好或更糟：我所做事的只影响到"学术讨论"。另一方面，我现在支持的项目却塑造了诸多公司未来的经营方式，可能影响数万人甚至数百万人。干好这份工作的压力是令人振奋的——给我一种作为教师和学者时从未体验到的肾上腺素激增。

你或许还担忧，通过企业或政府途径应对世界挑战的人，不像学术界那样善于制定细致和公平的解决方案。我承认，我很惭愧我一直持有这种傲慢的观点——而且我很高兴地发现，改行过程中遇到的人很快纠正了我的误解。

一份非学术性的工作也让我能更充分地参与生活的其他部分。我和妻子能够组建一个家庭，公司在我儿子出生后第一年提供了16周的带薪陪产假。这项福利不仅让我在儿子回家后马上与他亲密相处，还让我在马洛里重回岗位和适应教学期间作为孩子的主要监护人。

我所关心的慈善组织也从我的改行中受益。正如我在上一章末尾所说的，在商业领域的工作锻炼了我的战略思维，并让我了解了组织设计和运作。这些新知识让我能够更有效地指导"尼亚萨古典学社区"之类的团体，把他们与更广泛的捐赠者和支持者网络联系起来。意识到我有能力为他们提供更多的定期经济援助，这总是一件好事。[1]

————

在关于鉴别的初步介绍中，我试图明确一点：最重要的结果是找到各种优先事项之间的平衡，它对你和你的家庭都是舒适和有效的。我很高兴，我把我对于世界的影响，与支撑这种影响的赚钱方式区分开来了。毫无疑问，你会做出不同的选择。但是，只有明确了你希望你的工作有多大意义——以及你如何定义"正面影响"——

---

[1] 尼亚萨古典学社区（Nyansa Classical Community）是一个教育性的非营利组织，通过希腊-罗马、犹太-基督教、非裔美国人的文学作品，来传授道德想象和文化知识。我目前在它的董事会任职。

你才能从事完全符合自己价值观的工作。

改行后的鉴别

虽然我一直把鉴别表现为结构化的、直接的，但是，它实际上是一个自由的、反复的过程——无论是离开学术界时，还是进入新行业后，你都可以而且应该保持这一习惯。

大卫·史蒂文斯向我们展示了这一习惯如何在时间中发挥作用。在普林斯顿大学政治系读研究生时，他对于当地居民在政策制定过程中把学者视为知识中介的程度感到震惊。这种动态最初是合理的。政策制定者根据专家的报告形成建议，并且接受建议的民众认为学术依据是质量和有效性的代名词。因此，政策制定的更广泛的生态系统偏爱学术分析而不是直接报告。

在研究生期间，大卫发现这种局面越来越难以接受。当时是 21 世纪初，通信技术的兴起比以往任何时候都更轻易地把全球的人们联系起来。大卫很快就看到通信技术的潜力，它是一种廉价的方式，可以用未经过滤的一手报告来补充传统的专家知识。这些报告来自那些曾经或正在亲身经历他所面临的问题的人。

历史上人们一直依靠狭隘的中介的声音，这是令人沮丧的。西方外来者延续了由来已久的为殖民地原住民说话的坏习惯，大卫作为非洲专家敏锐地意识到了这一点。不光如此，他的研究的性质让这种感觉更加复杂：大卫研究的是美国内战后曾经的士兵重新融入社会的过程。鉴于他研究的是这一主题——而且很少有学者对这个主题有实际经验——似乎没有理由**不让**更多非洲人发声。

对事态的不满促使大卫决定离开他的博士课程。虽然他知道他关于非洲政治的专业知识很容易让他获得咨询工作——许多公司付出高薪，让别人帮它们在盈利过程中管控风险——但他知道走这条路不会让他快乐。相反，他认为必须"不顾一切地忠实于他的好奇心"，并且决定寻找新的方法让专业知识变得唾手可得。

大卫那股把影响力置于金钱之上的冲动，让他过上了不断创业的生活。离开普林斯顿大学后，他先是接受了一份与非洲政治和政策有关的合同工作，然后开始在纽约的一家智库做志愿者——纽约是他一直希望回来的城市。这些决定满足了他思想上的追求和选择居住地的愿望，尽管代价是工作时间长和低工资。

不过，最终，大卫的努力让他获得了一个实质性的机会：世界政策研究所（World Policy Institute）聘请他为战略总监。在这个岗位上，他能够开辟更广阔的视野，来思考如何让公众参与政策讨论——然后重新构想如何最有效地在该组织中开展工作。2019年，世界政策研究所解散，其资产出售给一家新公司，该公司邀请大卫担任创始董事和代理首席执行官。凭借这一职位，他开始在世界政策研究所的遗产之上建立一家社会创投机构，探索用全新方式提高人们对复杂公共政策问题的认识和兴趣。

因此，大卫通过把他的工作与个人价值观和信念紧密结合起来，取得了事业的进步。鉴别力在最初让他从学术界走向非营利组织。在非营利组织中，鉴别力又激发他参与建立一个致力于公共利益的新公司实体。虽然这条道路不总是一帆风顺的，但是大卫试图在道路的每一阶段找到对他有利的做法，这让他在回顾过去时没有遗憾。

在实践中练习鉴别

假如你依然不知道从哪里开始鉴别一条可

以穿越迷雾的道路，一些练习可以帮你轻松进入这个过程。

第一个选项是写日记，记录你在职业和个人生活中通常喜欢的活动和通常避免的活动。这个简单、省力的策略可以帮你鉴别自己的兴趣模式如何随着时间发生变化，特别是在你离研究生毕业或合同到期还剩没几年时。

我在追踪自己的兴趣时发现，一想到剩余的生涯中每学期要教同样的罗马史课程，我就感到绝望。这种领悟让我发现我在工作中是多么在乎多样性——它也说明我厌恶任何高度重复的工作。在开始寻找教授以外的职业之前，我已经知道我不喜欢在高中教书。

如果你离开学术界的时间紧迫，那么可以找一位朋友来复盘你在高等教育领域的经历。参与这样的对话将帮你确定最初吸引你从事这项工作的活动、动力和挑战，以及驱使你离开的障碍和困难。然后，你可以根据这次谈话的笔记来缩小你想从事的工作的范围。

虽然你要问的具体问题可能会因你的学科而异，但这里有一些初步的问题：

（1）最初让你对你的学术领域感到兴奋的是

什么？

（2）你在工作中最喜欢和最不喜欢什么？

（3）你期望学术生活能给你带来什么好处？

（4）朋友和家人说你在什么时候最快乐？

这些实践的目的是让你摆脱关于自己为何在学术界感到快乐的假设——并且帮你辨别生活和工作中哪些方面是你渴望放在首位的。与往常一样，没有所谓的正确答案，只有一些能让你更有把握地行动的意见。

从为学习而生活到为生活而学习

接下来我将讨论，马洛里和我如何在本章开头的那份终身教席面前练习鉴别。这一讨论是展示性的，而不是指令性的。它只是展示了**我们**如何应对各种变量以做出对我们有利的决定，而不是**你**在相同处境下应该做什么。我描述这个过程的目的，只是为了示范如何在生活和职业中平衡你想要或需要的东西。

在搬到中西部的可能性面前，我们很快意识到**地点**对我们来说非常重要。虽然我们在进入学术市场时认为我们必须去工作的所在地，但是新奥尔良让我们有所动摇。这不光是因为星期二庆典（Mardi Gras）热闹非凡，而且是因为我们要搬去的那个小镇又寒冷又寂寥。我们已经爱上了这座城市的历史、建筑、丰富的食物和音乐。这些奢侈是我们唾手可得且担负得起的——而且这里的生活要好过我们居住过的其他地方。在新奥尔良以北，生活前景可就差远了。本章开头那所学院附近最好的餐馆，招牌菜是土豆泥。

人际关系也是考量的一大因素。虽然马洛里和我刚到新奥尔良时不认识任何人，但是我们很快和邻居交上了朋友，加入了一大堆社交俱乐部。对于 20 多岁的新婚夫妇来说，生活就像一场美梦：我们每个月出去野餐，马洛里开始参加轮滑比赛，我被选为当地家酿啤酒俱乐部的主席。[1] 不到两年，我们就成了社区的真正成员——尽管我们每时每刻都在提醒朋友们，工作最终会迫使我们离开。

相比之下，我们将要加入的那个社区是出了

1　看到这里，非美国的读者可能会一头雾水。野餐就是英国人说的露天烧烤。轮滑比赛是在轮滑鞋上进行的全接触女子运动。家酿啤酒是在家里制作大量啤酒的爱好，既可以供个人饮用，也可以用来说服半信半疑的朋友和家人。

名的封闭。虽然我们不反对在新的地方结交新朋友，但是我们也没有看到多少大展身手的机会。我们俩待了三小时都没认识一个人，而且不止一个人主动表示，进入当地社交圈的主要途径是通过教堂——最好是当地的新教教堂。还有传言说，学校的"掌权者"会检查在职教师的出勤率。最后一个说法可能有些夸大，但对于有时很规律地去教堂，但很多时候不那么虔诚的两个天主教徒，这个说法依然令人担忧。

我们还担心我们的家人至少要转两趟航班或开一整天车才能过来。距离让他们无法像在新奥尔良那样想来就来，我们也知道他们不喜欢前往一个常常下雪的、偏远的目的地。

薪水也是一大问题。学校给马洛里的薪酬待遇大约是（学术）市场平均水平，这就意味着如果为了负担房子、孩子与去东北部探亲的不可避免的费用，我就必须找到工作。但选项是有限的。他们为了留住马洛里而给我的职位只是短期的，附近其他学院一律是小型的，不大可能有预算来供养一名额外的拉丁文教授。

虽然此时我依然相信我的未来在学术界，但我也看了其他领域的工作。没有哪份工作看起来有前景。即使看起来有前景，现状也很难维持下去。最近的城市离我们住的地方有一个小时的车程。这还是在较好的情况下。这个地区每年有五个月都在下雪。维护两处住所也不太现实。除了费用问题，我们在经历了五年研究生的异地生活后也不愿继续分居了。

失业的前景还有另一个让我担忧的地方。我一直知道自己喜欢思想上的挑战，觉得自己在努力解决挑战时处于最佳状态。由于这种性格，如果没有职业的刺激，我的心理健康几乎必定受到影响。马洛里和我都不愿意检验这种假设。我们知道，长时间闷闷不乐的压力不仅会损害我的幸福——它还会威胁我们的关系。

于是，对薪水的担忧，以及接受这份工作对我们这个**家庭**意味着什么，二者交织在一起。一旦"职称时钟"开始计时，每个学者都知道必须开始疯狂地写作和发表，直到你通过评审。但是，当你同时考虑到**生物钟**时，这六年的时间可能是无比漫长的。虽然马洛里已经到了生育年龄，但她在这十年的大部分时间里一直纠结要不要晚点生孩子。[1]

---

1 南迪尼·潘迪（Nandini Pandey）2019 年的文章《不把孩子带回家》，是关于她在追求学术生涯的同时试图生孩子的一段动人但令人心碎的描述：https://eidolon.pub/not-bringing-home-a-baby-b6dc15a3701。

即使我们找到了生孩子和职业两不误的办法，但是想到孩子成长于违背我们价值观的社区中，我们就惊慌不已。我担心儿子或女儿可能与哪种朋友一起长大，担心他们因此对这个世界具有怎样的设想。我也很担心，我的妻子和我可能会被认为赞同那所学校的道德观，或者帮助维护了一套延续这种道德观的体系。

通过思考在这份职位上的生活可能是什么样的，马洛里明白了关于她的**职业轨迹**的真正重要的东西。一旦她陷入了"职称时钟"，她就不得不在狭窄的专业领域发表文章和撰写专著：亚历山大大帝之后的历史时期的希腊传记。虽然她喜欢阅读这些文本，但她很怀疑，在受众极其有限的正式研究上投入这么多时间有没有价值。

深入思考这一问题后，她发现她在杜兰大学担任的可延期的"实务教授"（professor of practice）更符合她的个人和职业抱负。这个教学岗位没有发表文章的义务，让她能专注于向外探索和教学创新——这些活动对她生活和工作的社区有真实且直接的影响。讽刺的是，这些活动也是许多大学校长鼓吹的活动，但是"职称委员会"认为它们"可有可无"，不能作为晋升的基础。

　　我们的谈话还让我们明白，这份职位比起马洛里现有工作的**唯一**优势就是终身教席：她的教学负担是一样的，薪水只是略高一点，她花在旅行和研究上的资源则变少了。最后一个隐患尤其令人担忧。她知道，如果头六年不发表几篇文章（最好出版一本专著）的话，她就会"不进则退"——也就是说，她会被解雇。

　　停下脚步从务实的角度思考问题也帮助我们认识到这个职位不像表面看起来那么稳定。这所学院几乎全靠学费来运营，而该地区的人口趋势说明，马洛里在这个职位今后的收入会越来越少。如果这所学校关闭了，教授们正值五十来岁，而且 15 年内没有发表过论文，他们该何去何从？就像一位朋友喜欢说的：所有教职工都是临时的，即使大多数人没有意识到这一点。

　　简而言之，马洛里的那个职位，就是我所谓的"终身教席陷阱"。这类工作就是在偏远的学校担任教授，教学负担很重，实验室或图书馆设备很差，资金短缺，你根本无法进行像样的研究，以调动到另一所学院更好的职位。这不是说它们**一定**是糟糕的工作。学生们可能很聪明，你可能很高兴住在这个地区，或者学校某些地方对你个人而言特别合适。但是，对于为了谋求更大机会而接受此类职位的人，这类职位无疑是一个泥潭。不陷入泥潭的唯一方法是一开始就避免走进泥潭。

这一段鉴别期还带来了意想不到的后果。当我们为马洛里拒绝这份特别不适合我们家庭的工作寻找理由时，我们意识到了自己在研究生期间默默接受的学术生涯中所有的妥协。照亮这些阴暗的角落之后，我们意识到，终身教席无法提供我们想要的东西：马洛里的可延期的职位可以满足她的职业目标，而且我们相信新奥尔良会继续提供我们珍视的生活品质。

我的工作，是这一番考量中的最后一个变量。既然知道我只有放弃心爱的女人或城市才能继续做学者，那么选择就很容易鉴别出来了：我必须找到新的行业。

结论

鉴别不仅是一种纸上谈兵的练习：它服务于一个实际的目的。在停下脚步重新评估更广泛的目标时，你就让自己与学术工作的细节保持了一段距离。这段距离反过来为你提供了思考的视角，让你能超出你所从事的工作，搞清**是什么让你喜欢**从事这份工作。

　　获得这种见识是离开学术界的道路上重要的一步，因为只有你知道想要的**生活**是什么，你才能搞清真正适合你的**行业**是什么。

行动细则

（1）腾出你的日程，留一天给自己。在这一天结束时思考一下，如果摆脱了固有的使命感，哪些活动或关系会吸引你？把这些偏好记在你的职业日志上。

（2）提醒你自己在高中或大学时的人生目标。把这些目标记在你的职业日志上，扪心自问它们是否依然有效——你是否只是搁置了它们？

（3）如果你可以选择世界上任何一个地方，你会住在哪里？这个答案将告诉你真正驱动你的价值观（环境、与家人的距离、生活节奏、文化精神，等等）。

第 3 章　探索期

当我最终明白学术生涯与我无缘后，对何去何从的茫然让我采取了一个绝望的计划：我逐个浏览了脸书上的好友，寻找任何一个没有成为教授的博士。结果很不理想。事实上，唯一符合的人是丹·波特菲尔德（Dan Porterfield）。我在乔治城大学读本科时，他是该校的副校长，但我联系他时，他正担任富兰克林和马歇尔学院的校长。

我对大学等级制度的尊重——以及对于占用长辈时间的不安——让我纠结要不要联系他。话虽如此，我心想也没别人可以求助了。某个星期六早上，我给他发了一条消息，慢慢鼓起勇气按下"发送键"。

老实说，我对于回复没抱多大期望。我们十年没联系了，我怀疑他比上次见面时要忙得多。

当这些疑惑在心中打转时，我甚至觉得他可能有一名助手代理他在网上的事务。

76 分钟后，丹回复了。他的消息很简短，却是他自己发送的——而且邀请我打电话聊聊。

在通话前的几天里，我回忆了丹的职业道路。据我所知，他先是取得博士学位，获得终身教席，然后留在大学服务，担任行政职务。聊天刚开始，一句话就让这场谈话走向了新的方向。他很快推翻了我的假设。

在研究生院，丹没有一门心思扑在学术上。当然了，他获得了罗德奖学金和梅隆奖学金。但是，他也为他本科时创办的慈善机构工作，而且担任纽约市立大学一名高层人士的演讲撰稿人。这份履历让他**远远**超出了象牙塔：1993 年，他成为唐娜·莎拉拉（Donna Shalala）的高级助手。莎拉拉是克林顿政府的卫生与公共服务部部长。

丹在这一职位上待了四年，然后才把注意力转向学术界。有一段时间，他全身心投入到教学、研究和所有其他促进他获得终身教席的活动中。但是，一位老朋友给出了不同的想法。他知道乔治城大学有一个关于战略发展的空缺职位，而且认为丹是不二之选。这位老朋友有知晓该空缺的资格：他就是利奥·J. 奥多诺万（Leo J. O'Donovan），当时乔治城大学的校长。

虽然丹对这个机会感兴趣，但这个职位不符合他对下一阶段职业生涯的设想。他决定做两手准备。作为讨价还价的手段，他要求在行政工作的同时担任英语系的教职工。作为英语系的一员，他可以继续教学。如果战略发展的职位不成功，他至少还有一个可靠的职位。

丹根本没启动那个应急计划。他很快发现他喜欢新工作，而且很快晋升到更高职位，最终受邀担任富兰克林与马歇尔学院的校长。

不过，我们的谈话不是以纠正我对丹的生涯的误解作为结束的。丹还给了我一些战术上的建议，来推动我的改行：寻找一切机会来学习新技能，确保我在大学做的额外工作得到报酬，不要拼命争取第二学位以提高任职资格。多一份学历并不能给我带来我现在的状况所需的东西：实际的经验。

后来几天回顾这通电话时，我意识到，一直以来，我对丹的职业生涯的理解都是基于我希望自己的职业生涯如何推进。我所设想的那个他，其实是一个假象。这种领悟给了我很多启发——并且提供了三个宝贵的教训。

第一个教训是，无根据的假设在多大程度上影响了我对我所从事的行业的看法？当时，我无法想象学术界会重视学术以外的东西，而且我相信那些领军人物被选中是由于他们在该领域的工作。虽然丹确实因其研究而闻名——他的论文获得了欧文·豪奖（Irving Howe Prize）——但他的职业生涯之所以出现更显著的转折，是因为他培养了实际技能，参与了时下的议题，并结识了可以支持他的事业的身居高位之人。

第二个教训是，丹如何通过走上新的职业道路获得比传统学术生涯更大的成功？或许我是个例外，但是，我进入研究生院时确实希望通过为学院服务来支持学院的战略举措。我错误地假定，通往这种生活的唯一途径是教授职位。而丹的故事清楚地说明，从事他那种级别的工作，需要一种脱离熟悉事物的意愿。

在回顾这些见解时，我也恍然大悟，我在整个研究生阶段和毕业后混淆了严肃性与专一性。我是一名体面的学者，而且——我现在依然认为——是一名杰出的教师。但是，我如此彻底地追求在这些领域的杰出，以至于忽略了生活的其他重要方面。我几乎没什么爱好，没做过什么事情来帮助不幸的人，而且把仅有的一点空闲时间用来让大脑放空。当时，我把这些行为称为一名敬业学者的标志。回头看来，这些行为把我变成单向度的——而且是无聊透顶的。

说到底，这些关于如何利用我的时间的选择，取决于另一个假设：成为严肃的学者会带来成功的职业生涯。研究生期间总有人向我许诺"优秀的人有好工作"。我把这一信念铭记于心，相信只要全身心投入我的学科，就能站在统计数据的好的一侧。

正如我后来从关于临时教职工议题的工作中了解到的，学术工作不总是留给最好的人选。虽然任何职位都可能有多个看起来很合适的申请人，但只有一个人可以收到——并且接受——邀约。同样，你的导师是谁、你的申请材料写得有多好，以及与你的专业领域有关的"热门"工作有哪些，这些因素交织在一起，以至于你在这一过程中的成功看起来就像是运气。事实上，许多优秀的人没有收到邀约——或者收到让他们不满意的邀约。

与此同时，我的误判让我付出了代价。因为专注于古典学而忽略了其他一切，所以我错过了发展新技能，结识新朋友以及从事更有趣、更多面的工作的机会。丹的故事告诉我，即使在学术界，单向度也不是成功的可靠途径。

第三个教训是，丹给我树立了一个我希望效仿的"仆人式领导"的榜样。他在晚上和我通电话是没什么收获的——而且我怀疑他更愿意与他的妻子或孩子聊天。但是，比起我认识的任何人，丹更加相信指导晚辈和帮助他人成长的价值。在接受这种善意的过程中，我重新燃起了成为一个"为他人着想的人"的愿望，也就是说，利用今生短短的时光来改善世界，而不是蜷缩在自私自利之中。

丹的职业生涯也证明，无私和成功不是不相容的。在招聘和支持"移民一代"大学生这件事上，他领导的富兰克林和马歇尔学院是全国的佼佼者。这样一来，他就有机会发挥更广泛的影响：丹现在担任阿斯彭研究所（Aspen Institute）的主席，这是一个无党派论坛，汇集了来自学术界、工业界和政府的领先思想家，共同解决世界上最复杂的问题。

睁大你的双眼

我和丹·波特菲尔德的谈话让我充满希望，

并促使我认为，只要有一点魄力，我就能在大学环境中找到通往新职业的入口。我想到的工作包括负责杜兰大学的认证续期工作，支持本科招生，或者在校长办公室工作。毕竟，已经有一位校长认为我值得他花时间，为什么另一位校长不会这样想呢？

回头看来，这种信念就像我之前对丹的职业发展的看法一样天真。我正在进入一个一无所知的世界，在成功获得我想拥有的自信之前，我还有很多东西要学。

话虽如此，天真也不全是坏事。天真带来了很高的期待感和力量感，这两种感觉会让那些深感困在学术界中的人眼前一亮。一旦你体验到这种前景的变化，你就知道你正在进入改行的新阶段。

鉴别让你摆脱了学术界对你个人和职业生活的限制，而**探索**则提供了一个机会，让你知道哪些行业对你来说是可行的和开放的。在这个过程中，你必须扪心自问：

（1）你能做什么工作？
（2）你**想**做什么工作？
（3）你的经历中最明显的缺陷是什么？

这个阶段最终的目的是，让你睁大双眼看看各种可能性。当我最终做到这一点时，我已经耗费了十多年去专攻人类知识的一个小板块。如果你在阅读这本书，你大概也处于同样的境况。我们这类人所面临的问题在于，让我们在学术界取得成功的高度专注和奉献精神，与在学术界之外大展身手所需要的东西恰恰相反。如果你想找一份新职业，你就必须打破旧习惯，尝试新事物，把自己塑造成别人信任的那种人，为他们所服务的机构做出贡献。

领略更广泛的工作世界

每天，**数十亿人**通过学术界以外的工作来养活自己。这一事实可能过于明显，根本不值一提，但是我们很少有人花时间来思考这些人做什么工作、如何完成他们的工作。因此，我们往往不知道**我们有多么不了解**更广阔的职业世界。

当然了，对于我们受到训练的工作之外的工作，我们大多数人至少略有耳闻。如果你本科时住在学校，那么你可能有朋友是律师、医生或咨询师。我自己的父母是会计师。问题在于，这种一知半解是危险的：对一小部分职业的略有耳闻，会导致你产生两个明显的盲点。

第一个盲点是广度的问题，即使我在开始改行时列出了我认识的每个人以及他们的每份工作，我也只能看到世界上存在的一小部分行业。这种局限当然是不可避免的，只不过我们经常不承认它。坦白说，只知道我的职业之外的四种职业，简直等于一无所知。

第二个盲点是深度的问题。就我对朋友和家人的了解而言，我从来没有花时间与他们详细讨论过他们的工作细节。虽然我对法律事务或准备报税表的含义有模糊的概念，但是，我不知道这些工作**实际上**是什么样的，或者做这些工作需要哪些技能。这种失败是我自己造成的——它说到底来自我在研究生院时的那种自我陶醉。

虽然你对学术界外的世界的了解可能不像我这么缺乏，但是我敢打赌这种了解没有你希望的那样精确。现在，我将推荐一个简单的补救措施：对你可能做的工作和你愿意走的职业道路保持尽可能开放的心态。不妨先假设你可以做**任何工作**。然后，你有一大把时间来搞明白，某个行业是否适合拥有你这样的优势、技能和经历的人。

我知道采纳这个建议不是件容易的事。我经过不断练习，才压制住内心的那些声音："你无法胜任这份工作"，或者"你讨厌这类工作"。但是，事实上，当我最初考虑离开学术界时，我根本没有很好的依据来作出这些判断。

尽管如此，你却能够比其他人更快地放弃一些职业选择。因为我很怕针头，所以针灸、文身艺术和医学方面的工作对我而言不是什么好差事。即便如此，我还是强迫自己在（非常）短暂的时间内接受这些想法。这种练习让我看到了一些我原本不会考虑的行业的工作——尤其是新奥尔良当地医院的大量非医疗工作。

"探索期"开始后，限定好你能承受的探索新可能性的用时，也是至关重要的。我知道，这个建议听起来有些讽刺，因为上文刚刚建议你要广撒网。但是，限定时间不同于限定范围。我们很容易因为学习的乐趣而分心，推迟了进入新行业这个更艰巨的任务。相信我，我太了解"有效"拖延症了！虽然这是一个诱人的陷阱，但你应该小心避免。

如果你是研究生，或刚签了多年的工作合同，或是一名终身教授，那么你可以给自己六到九个月来探索新的行业。连番轰炸你的大量信息就像一场雪崩。采用缓慢、谨慎的方法可以让你更有效地挖掘信息。

但是，各位读者中的很多人会面临尽快找到新工作的压力。你得根据个人情况决定要花多少时间进行探索：首先，算一下此刻到最后一次发工资的时间间隔，留三分之一的时间来探索新的行业。这种努力至少应该花费几天或几星期。停下脚步观察前方的道路，可以让你有条不紊地前进，让你在开始申请工作时更加胸有成竹。在进入探索期的同时，你也可以开始进行接下来两章中描述的活动。[1]

信息访谈入门

有些人可能会问：假如你压根不知道这些工作是什么（或这些工作是否存在），那么你如何能去了解它们呢？答案很简单：开口去问。如果你与尽可能多的人会面并打听他们的职业，你很快就知道有哪些工作可供选择，这些工作

---

[1]　可以考虑从第 5 章 "发展期" 中的 "把时间留给新的活动" 一节开始。

的日常是怎样的，以及它们给出的长期前景是怎样的。

这些对话通常被称为"信息访谈"。它们**不是**索取工作的机会。相反，它们是了解某人如何得到他的工作的一种方式，由此你可以判断他们的工作是不是你喜欢做的事。

对于习惯独自工作的学者，信息访谈可能听起来很吓人。我们中很多人天生内向，而且研究生院常常暗示我们不要占用他人的时间——特别是当他人的地位高于我们时。我常常纠结半个钟头，才请求与论文导师进行 15 分钟的会面。在这种心态之下，请求某人花上 30 至 60 分钟的时间来聊工作，一开始似乎是奇怪的（实际上似乎是无礼的）。

但是，这世上的其他地方并不像学术界一样。大多数人都喜欢有机会打破乏味的日常工作，认识新朋友，谈论自己。因此，信息访谈不仅是正常的：它们往往是受欢迎的。

如果你可以轻松自如地与陌生人谈话，那么，请相信你已经很幸运了。你改行的阶段应该是有趣和容易的：你只需要开始寻找你感兴趣的人并请求会面。

如果你对于会面犹豫不决，可以首先在网上

搜索关于如何进行**新闻**采访的指南。这些手册会教你如何为谈话做准备，如何管理谈话流程，如何应对意外的沉默——以及如何在事后总结你的笔记并提炼它们。虽然调查性谈话的目的与信息访谈略有不同，但在两种情况下，获得成功的技巧是相同的。

当你慢慢进入这种不熟悉的互动之后，不妨考虑与你认识的人进行第一次信息访谈。你不妨与父母、某位亲友或亲近的朋友坐下来，聊聊他们的工作**实际上**做的是什么。虽然像陌生人一样与这些人谈话似乎有些生硬，但一旦你们开始真正的互动，这种尴尬就会消失。你们之间已有的关系也有助于谈话的进行：你不仅会发现你的对话者更聊得来，而且他们对你情况的了解会让他们更准确地给出评论。

这些初步谈话的要点在于**实践**。这种努力的一半是适应一种新的话语模式；另一半是接受指导，了解如何改进。这一目标要求你在会面结束时，请你的伙伴站在他们行业的角度来评估你哪里做得好，哪里做得不好。请他们批评你的自我介绍、提问、眼神交流、回答、衣着——任何醒目的东西。虽然我们不需要讨论这些话题中的每一个（打个比方，与你的母亲讨论衣着可能有些尴尬），但是在开始采访你不太熟悉的人之前，应该将每个话题至少谈论一次。

下一步，把收到的反馈吸收到你的自我介绍中。高等教育领域外的人与领域内的人有不同的行为方式，他们有时认为我们的职业癖好是傲慢的或烦人的。例如，在学术界的时候，我严格坚持语法规则，而且不停地引用我的学科中那些晦涩的典故。虽然这些行为在古典学的世界中是无伤大雅的，因为学术界人人都在玩这套游戏，但是它们不受非学术人士的欢迎。它们让我显得格格不入，同时——更糟糕的是——让人们感到不自在。后一个后果是我难以承受的。因此，我努力采取一种更适合我的新听众的新说话方式。

虽然好挖苦的人或许会说我的行为是见风使舵，但我的目的是用听众能接受的方式与他们交流——让我们的谈话**对他们来说**更加舒服和愉快。如果你发现你身上有他人眼中太怪异、太"学术"的癖好，我建议你像我这么做。说到底，信息访谈是为了寻求陌生人的帮助，如果你是一个人们愿意花时间共处的人，那么他们更有可能提供帮助。

一旦你完成了一些练习性的访谈，接下来就该把探索对象扩展为你不认识的人了。想要确定新的对象，可以从近在咫尺的资源开始。你可能认识某个在获得学位之前就结束学业的同僚，你可以在学院网站上查看某个行政人员的信息，也可以阅读关于某人在意想不到的行业利用博士学位的文章。你不用在乎他们是什么人，做什么工作：你只要找到你想进一步了解的走上有趣道路的人。

下一步，找到这些人的联系方式，请求与他们进行信息访谈。最好的联系方式是电子邮件或领英。发送消息时，请保持简短。你只要说明你是什么人、如何找到他们的名字，以及为何发这条消息——也就是说，因为你正在改行，希望了解他们的职业发展。超过三句话的消息就太长了。虽然这一论断可能有点苛刻，甚至不近人情，但是，不超过三句话才是正确的做法：提供无关的细节会占用他人的时间，而他人不见得要给你时间。

下面的例子可以提供一个很好的起点。

凯伦：

我是克里斯·卡特林，在学术界工作了十年后，我目前正在寻找新的职业。我在浏览领英时被您的履历吸引了，我想进一步了解您如何走到今天。如果您愿意见面喝杯咖啡，请告诉我您的空闲时间，我来安排一次会面。

谢谢，

克里斯

如果你还对求助陌生人感到担忧，那么请记住，征求建议对你没什么损失。最糟的情形无非是他们说"不"或者没有回复。根据我的经验，这样的反应很少见：在我请求访谈的人中，大约80%都同意和我聊聊。

一些基本规则可以帮助你顺利进行这些会面。首先，你最好当面与对象进行访谈——至少在刚开始的时候。这样做主要是对你有好处，而不是对他们有好处：虽然在进行谈话这件事上你是个新手，但是你希望尽可能多地了解他们的情况。语调、肢体语言和其他非语言信号可以告诉你某人何时愿意接受进一步提问，何时希望继续谈话。你越是善于引导让他人感到愉悦的谈话，他人越有可能与你保持联系并在未来帮到你。

其次，牢记你正在索取他人的时间。因此，审慎的（且不说体面和恭敬的）做法是，以实质性的方式答谢他们。在晚间特价时段一起喝咖啡或饮料，是一个方便的选择。人们的慷慨大方总是让我惊讶不已，我只花了不到十美元，就让他们抽出工作的时间与我会面。当然了，即使这么一小笔钱，对于研究生的补贴和兼职工资来说也不是小数目。在这种情况中，要尽可能地权衡利弊，因为你知道这笔投资的潜在回报是相当可观的——而且你在新职业中获得的薪水会让你苦尽甘来。做好买单的准备，也让你有借口在一个较为中立的地方会面。如果拜访他人的办公室会让你紧张，那么这种做法可能会让你放松一点。

信息访谈的流程很简单：先介绍自己，再说明你想通过这次会面得到什么，然后提出一个开放的问题，了解你的对话者如何走到职业生涯的当前阶段。接下来，一旦听到他们的故事中让你感兴趣或困惑的细节，你就要专心倾听并且及时跟进。我发现做笔记是很有帮助的，不过，我在做笔记前会扪心自问一番。

为了确定你是否适合某个职业，你应该设置一些能够提供亟需的信息的问题。我在每次信息访谈中都会提出这两类问题：（1）你希望你在开始担任目前的职位之前具备哪些技能？（2）担任你的职位之后人们要做的是什么？这些问题让我可以评估我目前的能力与岗位要求的直接差距，而且让我知道某个职业能够开启几扇大门。

2015 年夏天与杜兰大学的一位招生官进行访谈时，我发现了这种方法的好处。当时，我依然坚持要在大学工作，而且这条职业道路看上去特别有前景。事实上，我可以说是有实际经验的：我曾采访过我 2007 年本科毕业后乔治城大学的本科生申请者。当我问起她的同事们成为招生官**之后**都做了什么时，她的答案令我大失所望。她的大多数同事利用学费减免（tuition waiver）的机会来获得工商管理硕士（MBA）学位，然后就转到其他领域。坚持从事招生工作的人则一直干着职位等级较低的工作，直到某位上级退休——或者在另一所学院找到更好的职位。

虽然结束访谈时我对结果感到失望，但是在进一步思考后，我发现它让我的求职变得更加容易。我知道我不想再获得另一个学位。而且，如果因为上司的意外死亡或被捕而空出的岗位会让人兴奋不已，那么**这样一份**职业绝对不是我想要的。最终，我意识到我花在访谈上的半个小时是值得的：它让我明白，大学招生不是我想追求的领域，我不需要为它多纠结一分钟。

就像这个故事说明的，信息访谈有可能让你充分了解你的**职业选择**，即使这些选择没有如愿以偿。你可能会了解一个你想从事的新领域，但是你也很容易发现你**不想**从事自以为合适的工作。你也很难搞砸一次信息访谈。因为在信息访谈中大部分话是对方说的，所以你不大可能让他们感到厌烦或冒犯。唯一需要注意的地方是确保谈话不会拖沓：如果你的对话者没什么兴趣或者看上去不想聊了，你应该主动感谢他们抽出时间并优雅地结束——即使谈话只进行了十分钟。

会面结束后，最好问一下受访者认不认识其他能够交谈的人。这种新闻采访的老把戏可以有机地扩展你的人脉，让你获得一份介绍信，而不是不请自来地联系别人。这个提问还可以很好地衡量他们在未来愿不愿意帮助你：他们给你介绍的人越多——他们在会面后越及时地跟进——你就越应该用心维护你们的关系。

一个好办法是，在访谈的两天内写一封跟进邮件（follow-up note）。这不仅是一次再次表示"感谢"的机会：它也可以提醒对方你是什么人，说明你珍视他们所付出的时间。你用不着写一封手写信。一封简单的电子邮件就足以表达谢意，并且总结你认为他们的故事中最有帮助的部分。这封信还是请求他们介绍其他联系人的最后的好机会。

　　虽然会面次数取决于你的居住地和你能抽出的时间，但是，我建议平均每周至少一次。保持这个频率能帮助你缓解焦虑，尽快克服刚开始学习中遇到的难题。

　　但是仅仅定期与人会面是不够的：巩固这些新关系也很重要。首次会面大概六到八周后，我试着再次联系之前的受访者。我的邮件说明了我采纳他们建议的具体方式，并（含蓄地）提醒他们我仍然在找工作。任何回复都是说明对方有兴趣了解我的近况的好兆头，而热情的回复则可能表明他们愿意再次会面。把握这些机会既可以深化你们的关系，又不会显得凡事都靠别人做主——甚至可能带来真正的友谊。

　　我发现，手机里的日历功能是按照我想要的频率保持通信的最简单方法。每次在访谈后发送感谢信时，我同时会设置一个提醒事项，以便六周后跟进这位联系人。话虽如此，你也可能觉得其他技术更好用。例如，如果你把收件箱作为一个待办事项清单，那么你可以用回旋镖（Boomerang）之类的软件以固定的间隔刷新旧邮件，并且提醒你必须注意这些邮件。或者，你可以整理一张访谈联系人的电子表格，想要安排或追踪一次交流，就新增一列。

　　在本节中，我已经说明了信息访谈如何让你了解新的职业。它们对于了解特定地区或行业的动态也很有用。虽然这类信息目前似乎对你没有价值，但是它们对于你离开学术界的时机有重大影响。因此，我建议你在探索过程一开始就跟进它们。

　　切拉·怀特－拉姆齐向我展示了，你应该如何在时机最终到来时有效利用这类信息。因为她知道得克萨斯州的奥斯汀市拥有蓬勃发展的科技环境与大量年轻专业人士的工作岗位，所以，在路易斯安那州立大学完成关于人力资源领导力的论文之前，她就已经开始进行信息访谈了。这些交谈让她明白，该地区在软件开发和应用领域的快速发展使得对学习和培训的需求日益增长——恰恰是吸引她进入学术界的那一类活动。

　　虽然切拉知道在离开学术界的第一阶段，她可以乘上奥斯汀市的这股热潮，但是，她同时还有一个学期的奖学金可以支撑她写完论文。这两个截然相反的机会让她很难知道哪条路是最好的。最终，当务之急是必须做点什么。告诉导师她将放弃奖学金之后，切拉很快找到了一份工作——在奥斯汀市所在的特拉维斯县担任技术文档工程师。她在工作的第二年完成了博士学业。

查询其他资料来源

虽然信息访谈提供了关于新职业的大量信息，但是你的工作在谈话结束后还没有结束。回家之后，你要翻阅笔记，考虑受访者的工作是否吸引你。你要考虑的具体内容包括你对他们的职业和职业道路的总体印象，以及他们工作中吸引你或让你深思的具体因素。如果你很难把自己的想法用语言表达出来，可以试着与同伴或朋友讨论这些话题。这类盘问可以帮助你明确从会面中得到的教训，让你从一个外部视角看待那些最吸引你的因素。在大多数情况下，我的妻子比我更早地发现了我的兴趣模式。

下一步，你可以在独立的资料来源上查询令你感兴趣的工作。Indeed.com 和 Monster.com 之类的全国性招聘网站，或者你所在国家的同类网站，可以让你知道要胜任某个岗位需要哪些技能。一旦你在多家公司的类似工作中发现同一种模式，你就知道你已经找到了真正的要求。如果这种技能或知识能引起你的兴趣，那么你可以在未来的信息访谈中咨询它，或者立即开始培养它（关于如何培养它，参见本书第 5 章 "发展期"）。反过来，如果某项工作需要做的事不能引起你的兴趣，那么你就知道你可以试试其他可能性。

你也可以阅读一些讨论不同领域试图克服的问题的书籍或博客。这些资源中很多都是由那些在推进它们对某个问题的看法上有既得利益的公司出版的，或者得到了它们的同意——所以这些资源反映了**公司**（与书籍或博客作者一样）希望如何在这些领域制定新的解决方案。如果你担心学术界外的工作不会带来脑力上的兴奋，那么这些讨论可以说明，某份工作可能给你带来的挑战能否让你满意。不要担心你对某个主题缺乏了解：这类作品通常采用非专业人士也能理解的口语风格。[1]

搜索引擎也可以让你发现关于你感兴趣的职业或公司的更多信息。你可以把从受访者那里得知的关键词与他们描述的技能组合起来。通常情况下，你会找到一些与特定工作有关的网站或文章——甚至找到你一无所知的、更符合你的长处的职位。

虽然来自上述资源的信息是有用的，但是，它们的全部潜力只有在你把它们与领英结合起来

---

[1]　这类文件通常被称为"白皮书""卓越指南""思想领袖"。这类出版物的例子包括《德勤新视界》《简氏防务周刊》《麦肯锡季刊》《世界政策杂志》等。

后才显露出来。领英这项工具在今天的劳动力
市场中至关重要。它让数百万份简历变得唾手可
得，它既让你看到人们在当前工作之前担任过的
职位，又让你看到人们是否具备胜任当前工作所
需的技能。最重要的是，它可以按地理区域对结
果进行筛选。这项功能对于正在进行探索的人是
至关重要的，因为它让你在你的社区中找出拥有
你感兴趣的工作或技能的人。换句话说，领英为
信息访谈提供了几乎无限的潜在对象。

我就是利用这些数字资源遇到了安德鲁·福
利，他是第一个让我更认真地看待商业的人。我
在一家本地咨询公司的网站上找到他的名字，他
的简历提到他之前在约翰斯·霍普金斯大学获
得音乐硕士学位。后来他认为这条道路不适合
他，便离开了学术界，获得了"为美国而创业"
（Venture for America）的奖学金——一家类似
"为美国而教"（Teach for America）的机构。

虽然我依然害怕"不请自来地"与新的对象
进行信息访谈，但是，安德鲁的故事太接近我
的故事了，我不能让机会白白溜走。我写了一
条简短的消息，给该公司的"联系"地址发了电
子邮件，请求与他会面。没等多久，我的大胆就
得到了回报。安德鲁当天晚些时候就回复了。不

到一个星期，我们就坐下来一起喝酒了。不到两个月，他就说服他的前任老板让我面试一个空缺职位。

虽然安德鲁为我安排的会面没有变成一份工作邀约，但是它开启了我与新奥尔良的全新人际圈子的一连串信息访谈。我与本地的咨询师们、一名学校系统运营总监，以及一位独立的营销代理等人进行了交谈。事实上，安德鲁提供的联系人又把我介绍给他们的朋友和同事，以至于几乎一整年我都可以每周安排至少一次信息访谈或电话沟通。这些进展所带来的兴奋产生了深远的影响：我再也不会犹豫要不要联系陌生人。

在探索中认识自我

探索不只是一个线性的过程：它也是一个迭代的过程。当你通过访谈和研究获取关于工作的知识时，你还应该反思这些对话，努力改进你的对话形式。如果会面没有取得计划的效果，你要找出原因，设想其他做法能否产生更好的结果。如果会面进展顺利，你要问问自己，好结果是来自自然的化学反应，还是来自你引导谈话过程中

的机智决定。从每次对话中汲取教训会让你不断
进步——加深你对不同职业道路的了解。

最终，探索过程中的重复和改进共同产生了
一股独特的**冲劲**。结识新朋友、接触陌生人、研
究与你的学术领域截然不同的职业，这所有的练
习都会让曾经陌生的行为变成你的第二天性。不
知不觉中，你就已经能在两分钟内发出一封邀请
信息访谈的电子邮件，并在十分钟内做好对话的
准备。如果你和我情况相似，你甚至会开始享受
结识新朋友——而且如果长期不去了解新的职业
就觉得自己不思进取。

你还能在你的职业兴趣中看到某些模式，从
而帮助你更准确地锁定机会。当我意识到我一
直以来最喜欢学术界的地方——以及我未来想做
的工作——其实是帮助机构传达它们的优势和愿
景，我就豁然开朗了。有了这个念头，我就把求
职范围缩小到传播战略领域的职位。传播战略是
市场营销的一个领域，它把使命和差异化的技能
转化为针对各种受众的各种信息。

虽然这个领悟减少了我考虑的职位数量，但
是它扩大了我觉得自己可以从事的领域数量。毕
竟，每个组织都必须向外界传达其愿景，而且大
多数组织都专门雇人来做这件事。信息访谈让我

更清楚地看到了这一事实——而且发现传播战略领域的职位很适合我的个性和背景。

虽然你的兴趣一定不同于我，谈话的人也不同于我，但是结果应该是相同的：如果你把探索加入改行过程中，那么，关于你可以从事的工作和你渴望找到的工作，你将会了如指掌。

人际网络入门

到目前为止，我一直把信息访谈视为一种探索的方式，而且我认为它是最有效的探索工具。不过，信息访谈也建立了一个可以帮你求职的**人际网络**。

如果你和我的情况相似，你可能对这类关系颇有微词。我曾认为人脉是不正当的——是想利用别人来谋取私利。人们本应为了快乐和陪伴而交朋友。按照这种愤世嫉俗的解读，"积累人脉"的人相互**结交**只是为了获得工作，他们的做法损害了尊重正常招聘流程的人（比如我）。

如果这种情况是真实的，那么我将一直对它持怀疑态度。但是，在我自己积累人脉五年多之后，现在我认为它是一种不可或缺的实践，双方都得到好处，彼此都乐在其中。

我之所以有了一百八十度的转变，是因为我意识到，没人会在见到你的第一眼就雇用你。因此，**人脉不是为了获得工作**——至少不是直接为了获得工作。相反，人脉是为了让你在某个公司、领域、地域认识更多人。你认识的人越多，你越积极地与他们保持关系，你就越能把握与他们有关的动态和关切。相应地，他们越知道你适合哪一类职位。

有些人可能会问，"如果这种说法是对的，那么积累人脉与信息访谈有何不同？"我认为有两大区别。首先，积累人脉需要公开地培养某人成为你求职过程中的引荐人。虽然这个人可能是你通过信息访谈认识的人，但他也可能是你的朋友、学术同僚，甚至是亲戚。其次，人脉是一种更持久的关系。这个属性往往让人脉变得不那么功利：如果你维持良好的关系，大多数人都会在求职过程中帮助你，但几乎没人有足够的耐心和本事长年累月地营造这种假象。

想要了解人脉如何带来工作机会，你最好从**多**方的利益出发，而不只是站在求职者的立场上。

从本质上讲，人脉是把拥有技能的角色 A（在这个例子中就是你）与需要技能的角色 C

（某位雇主）联系起来的有效方式。让这种联系变得弥足珍贵的效率取决于角色 B——跟双方都认识、知道双方可以互相帮助的这个人。人脉的目标不是结识雇用你的角色 C，而是培养许许多多多的角色 B，他们可以接触到你根本不知道的机会。

换句话说，人脉把引荐人（"联系人"）作为帮你找工作的委托人，从而成倍地增加你在市场中的竞争力。我建议你从信息访谈开始这个过程，因为信息访谈有双重作用：你既了解了新职业，又在人际网络中增加了一个新的角色 B。保持分寸以使得这些谈话富有成效——也就是说，在你更了解他人之前**不要提工作的事**——可以更好地说服他人向你介绍他的联系人。没人会愿意付出政治资本去让他的熟人跟一个萍水相逢的学者交谈。而且，无论如何，在你这种情况下遇到的每个人都知道你正在找工作。

更进阶的积累人脉的做法是自己充当中介人。当你听说某个联系人正在找新工作或者他的公司在招一个空缺职位时，向他们介绍一些可能帮到忙的人。这类帮助不仅是好心的：它还说明你希望他们获得成功，说明你愿意动用自己的关系来促成这件事。在这件事上，你确实在回报他们给予你的支持——而且在这个过程中种下了善业（good karma）。

虽然你现在可能很难想象用这种方式与人交往，但是，每星期一到两次的信息访谈很快就会建立你的人际网络。不知不觉中，你可能会发现自己对某人来说已经是一个角色 B 了。

描述你的改行原因

在信息访谈中，把注意力放在他人身上很重要。毕竟，如果他们不说话，你就无法了解任何事情。不过，你遇到的大多数人都会是客客气气的。他们不希望自己看起来抢了风头，会找机会把对话转回你身上。在任何访谈中，你都可能被问到关于你的背景、你离开学术界的原因、你对哪类工作感兴趣等问题。如果出现这种情况，你要记住这不只是客套的标志：了解你的兴趣和你擅长的领域，可以让你的对话者更准确地把你与他的人际网络中的其他人联系起来。

因此，你时刻都要准备好讲述你的故事。虽然这个建议可能看起来顺理成章且很好实现，但是，当你的听众是学术界外部的陌生人，而且你打算请他们帮忙时，介绍自己可能比你想象的更难。我至今还记得第一次某人问我为何改行的场景。我的回答糟透了：

是这样的，我在杜兰大学的合同到期了，他们让我年底必须走人，尽管院系想要留下我。虽然我完成论文时每个人都说就业市场不好，但是过去两年里我的专业领域内的情况要糟糕得多。我在 2014 年面试了一个终身教席，但在最后的两轮面试中空手而归。

我的妻子和我还希望有一天可以要个孩子，而教授的薪水不够养家糊口——特别是在我们都有工作而且必须分居的情况下。但是，在研究生院工作的五年里我们一直分隔两地，最终我们再也受不了了。不管怎么说，我知道我确实擅长我的工作。但是我必须想象有一种方法可以把我的技能运用到课堂之外——我只是还不知道它是什么。

我来分析一下为什么这个回答糟透了。首先，我的回答中没有任何正面的东西。我的开头是负面的，结尾是负面的，中间也包含很多负面内容。而且这个回答完全集中在我身上。虽然我提到以这种或那种方式施加于我的力量，但我心里想的只是它们带给我的痛苦。

这种描述反映了我当时的感受，但这并不能说明我应该把它大声说出来。虽然自我宣泄式的抱怨可能有治愈作用，但它们没有给他人一种有意义的方式来加入你的谈话。坐在对面的那位女士又能说点什么让我好受些呢？更不用说做点什么减轻我身上的负担了。她不在学术界工作，她对学术界环境的了解是我告诉她的。

更糟糕的是，事实上她来到我面前是为了积累人脉。当时，我还是信息访谈的新手，还没有足够的练习来搞清**对话者**可能希望从我们的讨论中得到什么。否则，我或许会用不同的方式做出回答——表现出前瞻性的兴趣，甚至是我可以带给新工作环境的正面技能。恰恰相反，她听到的是"我很聪明"这一傲慢的断言。

即使在当时，我也很清楚这番关于改行的描述是行不通的。虽然在那个场合改变回答为时已晚，但我构思了一个更简单的回答，以用到后续的信息访谈中：

在 2007 年开始读研究生的时候，学术行业看上去是"中风险，中回报"。经济衰退后，它变成了"高风险，低回报"。意识到这种新的动态后，我很清楚我必须有所改变。

　　我估计你也认为这个回答更好，不过我们要考察一下为什么。首先，新的回答讲了一个故事。有背景，有危机，而且至少有试图解决问题的行动。同时，我把焦点放在细节上，它们表现了我**应对**外部力量的方式，而不是我面对外部力量的**感受**。这些要素使我的故事更容易理解——为更有意义的交流提供了可行的跳板。

　　其次，这个回答用学术界之外通行的术语来描述我的改行。我没有关注就业市场的恐怖和不稳定生活的负担，而是关注风险和回报。这种概念是行话（vernacular）的一部分，它在商业中是看待世界的自然方式。同样地，修改后的故事通过了"气味测试"（smell test）：人人都知道2008年的经济很糟糕，也不会惊讶于学术界面临同样的困境。后一点在我看来是这个故事最大的优势之一：它促使别人把他们在大萧条中的经历与我的经历联系起来。

　　再次，我快速地进入了正题。我没有在复杂的抉择面前迟疑不定，也没有对他人的决定进行心理分析。虽然对事件的这番描述可能没有反映我的处境的"全部真相",但是,没有人规定我必须全盘托出。事实上,信息访谈(以及我目前的工作)让我明白,大多数人所希望的,是用简单的答案来回答简单的问题。希望了解更多差异和细节的人,会主动索要的。

这番更简单、更精彩的描述,最终源于视角上的一个小变化:我没有表现改行**带给我**的感受,而是强调其中**与聆听者**有共鸣的那些细节。这套框架让我能回答对方提出的问题,而不会迷失在无关的、无用的信息之中。简短还有一个额外的好处。通过尽快把谈话的控制权还给我的对话者,我授权他们把对话导向他们最感兴趣的地方。换句话说,即使他们提出的是关于我的问题,我也会把焦点放在他们身上。

在完善一段反映你的需求和性格的"电梯游说"(elevator pitch)时,你要记住,想改变聆听者,就要改变信息。这条准则是古代修辞术的一个基本教诲——作为一名古典学生,我深知这个道理。话虽如此,我起初还是觉得这件事做起来很难,因为对不同人用不同方式讲故事像是一种欺骗。为了打消忧虑,我采用了我的学者生涯的另一个教诲:确凿的事实是无法更改的,但是把它们安排成一个故事总是需要选择包含哪些东西，省略哪些东西。我建议你在做这些选择时把他人考虑在内。

采用这套方法时，不妨根据你的聆听者可能拥有的观点或知识进行倒推。在坐下来聊天之前，试着（至少）在领英上调查一下他们，从而推断他们的参考框架。假如他们有商业背景，那么你可以用机会、威胁、利润这些词语来聊聊。假如信息访谈的对象是慈善机构的负责人，那么你应该把你做的事情与更大的利益、社会弊病、变革的需要联系起来。当然，不要把框架延伸到可信的范围之外，也不要使用让你不自在的比喻。不过，你也不应该拒绝那种刻意与桌子对面的人产生共鸣的说话方式。说到底，你想要得到他们的帮助。为了实现这个目标，你首先要讲他们的语言。

坚持下去

一次次地与他人会面，保持联络，重新构思你的故事，真的是一件难事。几个星期或几个月后，这些活动或许会让你苦不堪言。有一天，你或许一想到下一次访谈就感到反胃，因为你只想停下来休息。

我强烈建议压制住这种冲动。

2017 年初的几个月，我一刻不停地进行信息访谈，每周为朋友的公司工作 10 小时，写博客，在两个慈善机构做志愿者，以及申请工作——此外还教授三门课程。即使在当时，我也知道这种节奏是不可持续的。

当迈克尔·齐姆在电子邮件中说他在四周前的介绍邮件中抄送了一位熟人时，我顿时不知所措。他向我保证我会喜欢这个人，而且我知道这个电话可能有利于我的职业生涯。即便如此，我还是在找借口推脱。我想到几个月前我向一位联系人的公司发出求职申请，这虽然是一个大学朋友介绍的工作，但一无所获。此外，我在新奥尔良的一个职位的面试已经进行了好几轮，虽然对那份工作还有些犹豫，但我觉得录用的可能性很大。即使在当时，我也明白这些都是借口：只是想说服自己信息访谈是在浪费精力，因为我很想停下来休息。

虽然不太情愿，我还是强迫自己接了电话。愧疚是一大因素。迈克尔努力地写了介绍信，发现介绍信传送失败又及时跟进处理。即使他永远也不会知道我没有与之联络，这也是对他为我付出的时间和努力的不尊重。我当时也意识到，人们在把你介绍给他们的联系人时能运用的政治资本是有限的。如果我在这次会面上爽约，未来迈克尔就更难请这个人帮助其他学者。后一层考虑让这次通话无法逃避：我希望自己既能按照所谓的自身利益行事，但也不忍心伤害其他努力改行的人。

我很高兴我做了正确的事情，这种高兴是无以复加的。迈克尔的联系人很快让我联系了他公司的另一位前学者——事实上，就是录用他的人。那个电话很顺利，在我尚不知道的情况下，他就考虑让我干我目前的工作了。

与非学者交谈

与非学者交谈的另一个层面，我们还没有谈到。事实上，这是你必须学习的最重要的教诲之一。当你向其他领域的人推销你的经验时，你必须是非常非常简短的+非常简短的+简短的。

其他领域的专业人士往往指责学者在讨论议题时绕弯子，老半天才进入正题。很遗憾，他们说得没错。做目前的工作四个月后，我出席了我的学科的年会。在这次会议上，我很震惊，发言人很少能说出其论点的意义，提问都集中在小议题而不是实质之上。我甚至在自己专业领域的分论坛上感到无聊。

一番思考后，我意识到，学术界内外的对话差异如此之大是有充分理由的。研究机构的意义在于，让非常聪明的人有几乎无限的时间来从各个角度理解议题。这种投资使研究变得有价值：学者们对其内容的掌握使他们能获得原本不可能获得的发现。硬币的另一面是，学术文化要求你展示你所做的所有工作，以证明你的贡献是"新的"。这种对于新知识的展示可能会掩盖重点。

其他领域不遵循这样的流程或假设。没有那么多时间来深入研究每一个需要决策的议题，复杂组织的负责人要依靠下属来区分信号和噪声。在这样的环境中，无关信息不仅浪费时间——而且会分散对于其他重大职责的注意力。因此，虽然负责人依然期望你事无巨细地了解你的职责范围，但是他对你的判断，主要是看你能否有效地对信息进行提炼和排序。

从学术模式转变为非学术模式需要一定时间，培养这一转变所需的思维和语言习惯是探索的次要目标。在了解新职业的同时，你应该努力以符合新受众期望的方式来传达信息。

幸运的是，有一个简单的方法可以判断你是不是花了太多时间来直奔主题——至少在写信的过程中是这样。如果到了邮件的最后一行你才首次给出你的结论，那么你就错失了良机。恰恰相反，你应该首先给出你希望受众汲取的信息，然后提供证明这一立场所需的最少细节。

在商业中，这套流程的标准缩写是"BLoT"，指的是"Bottom Line on Top"（结论置顶）。一贯地采取这种做法，能让你避免得到"太长了，还没看"这样的回答。

我在学习直奔主题的过程中获益匪浅——我想给出两个理由，说明为什么你也应该这样做。第一，以这种方式写作是有效的。不管你是否承认，大多数人都不会读完一页纸上的每个字。事实上，他们通常读完三行后就结束了。把关键信息置顶，让耐心不足的人更有可能收到你的信息，同时，对细节感兴趣的人照样可以继续阅读以获得更全面的信息。用这种顺序来传递信息并没有排斥任何人，只是迁就了那些讨厌冗长回答的人。第二，这种写作方式是高效的。把你的结论置顶可以告诉读者后续信息的走向，帮助你——以及他们——专注于能够深化整体观点的那些细节。

结论置顶是纠正语言冗长这个大毛病的简单方法。经过一番练习，你可以更好地对关键细节进行优先排序——甚至在交谈中也开始这么做。假以时日，你的言行举止无疑会更像你未来的同事们，而不像一个学者。

把探索中的收获用起来

这里以一个故事来结束本章。虽然这是我求职过程后期发生的事，不过，出于两个原因，我把它放到"探索期"来讲。第一，它可以说明，信息访谈如何在你认真求职时帮助你更自信地展示自己。第二，它给出了一个重要的教诲，即对新职业的探索如何在最终获得工作机会时提供你所需要的视角，从而帮助你选择**好的**工作。

当时是我作为访问学者的合同到期前的最后一学期，我开始慌了。我见了很多人，听取他们的建议，尽可能地完善我的简历。尽管每个人都向我保证很快就能找到工作，但是新奥尔良对年轻的专业人士来说是一个严峻的市场。夏天之后我再没面试过一份工作，我和妻子已经深陷绝境。没过多久我就失业了。

随着我对学位价值的信心开始消失，我的自豪也不复存在了。我开始申请我能找到的每一份工作。法务助理？"请收下我的简历吧。"航运物流公司的办公室职员？"我绝不会迟到——我就住在附近。"啤酒促销员？"我已经自酿啤酒四年了。听起来很适合我。"即使我不会因为这些工作机会而兴奋，但我知道自己在寻找新的职业，并且必须从底层做起。有些工作真的是底层中的底层。你是不是觉得啤酒促销员听起来很有趣？对于在小商店里倒样品的人，这确实是个好名字。

我申请的一大堆职位中有一个吸引了我的眼球。一家全国性人寿保险公司有一个营销职位，但是他们不希望通过电子邮件联络：你必须直接打电话。这个要求很不寻常，我觉得了解一下也没什么坏处。我拨通电话，留下了我的姓名和联系方式。想着看看是什么情况也无妨。

招聘者很快回复了我，在考察了我的简历后，他邀请我参加面试。我高兴极了！四个月来第一次有人考虑给我一份工作。

考虑到这是保险行业，以及电话筛选的方

式，我猜想这个职位是销售。所以，我像往常一样准备了一次信息访谈：我回顾了我的经历，找到目标受众可能感兴趣的事例。我的自我推销很简短。我说销售很适合教师——特别是能让枯燥的话题变得扣人心弦的教师——而且我有跟新奥尔良各种人群打交道的经验。虽然后一个说法可能有点夸大，但是至少可以说，杜兰大学的学生、家酿啤酒俱乐部的老自由派们，以及以各种身份共事的学者们，都和我相处得很好。

我显然击中了要害。第一轮面试很顺利，负责流程的两个人很快邀请我参加第二轮会面，随后是第三轮和第四轮。他们从头到尾都很坦率：他们坦言这份工作是人寿保险销售，而且表示这项工作虽然不适合所有人，但可以为适合的人提供好的生活。四轮面试的流程，事实上是为了给彼此足够的时间来权衡这个机会是否合适。

除此之外，还有其他正面的情况。招聘我的人在高中教过几年书，直到——像我一样——有机会获得更高的收入，才踏入新的行业。他甚至在加入公司的一两年内就得到了晋升。当这个细节引起我的兴趣时，他建议我或许可以重复同样的轨迹。

这次工作面试也是第一次让我觉得自在的面

试。我们彼此打趣，自然地从闲聊过渡到严肃的问题，总体上营造了一种正面的关系。在其他工作的面试中，我紧张得多——在信心决定成功的情况下，我的情绪状态让我毫无把握。可是，这一次我觉得我可以和别人一较高低。我和对面的两个人平等地交谈，他们似乎完全同意我所说的。

但是别忘了，这些人是人寿保险推销员。他们最擅长的，就是让他们遇到的任何人感到轻松——任何人都可以是他们的潜在推销对象。

这种现象随着流程的继续变得明显起来。我的第一个警惕点是，他们拖了很久才讨论薪水和补偿的问题。最终谈起来的时候，他们用了一小时来强调他们的高绩效员工奖励结构的简单性。这个体系包含了多个层级的佣金率，它是基于你在某个月的销售额、保单的续约年限，以及你达到月销售门槛后的一次性款项。最后，我犯了喜欢总结的毛病："所以，工资本身是不存在的。这份工作的收入 100% 都是靠佣金。"他们马上反驳了这个说法：基本工资每个月都是**有的**——只不过要在完成销售额之后发放。我不是一个会计，但哪怕是我也能看出这种算法不对。

从事金融产品销售的朋友和家人也警告我不

要购买人寿保险。我的一位熟人非说我太聪明了，不适合这一行：他不仅认为这是在浪费我的才能，而且确信我会感到厌烦。

这位熟人还说，保险销售这种无门槛工作的招聘策略，说得好听点是弄虚作假，说得难听点是巧取豪夺。它的运作方式是这样的：你一入职，他们立刻让你向家人、朋友、熟人和其他会看在你的面子上买保险的人进行推销。一开始的销售额让你赚到一笔可观的工资——这就是诱饵。但是，几个月后，大多数人就失去了联系。到那时，你的佣金急剧下降，除非你能开拓陌生人客户，让他们掏钱购买。因为大多数新人都做不到，所以他们辞职了。这时事情开始起变化了。离开岗位后，你便不再从卖给朋友和家人的保单中赚取佣金。相反，它就进了当初招你进来的那个人的口袋。

当时我已经做过足够的信息访谈了，知道我最应该考虑职业道路的问题。保险业提供的选择是有限的：要么是卖保险，要么是管理业务员。唯一的替代道路是平移到另一种类型的销售。这些选择如果对你有吸引力，也是值得考虑的。但是我性格中的两个方面使我确信，它们从长远来看是不合适的：我既不擅长开启一场销售会面，更不擅长结束一场会面。

当招聘我的那个人亮出底牌时，很明显我被哄骗了。在最后一次面试中，他给出了正式的邀约，并且说会在周末打电话询问我是否接受。随后就音讯全无了。其实我没有多么沮丧：我对这份工作忧心忡忡，想必他们也感觉到了。他们放弃我，正好省去我说不的麻烦。

电话在三个星期后响了。招聘我的人在电话那头问我是否想要这份工作。我礼貌地说自己不得不放弃——但是我向他解释了我的理由。最大的问题是没有基本工资。在我看来，承诺一份稳定的收入，是公司表示相信你能胜任这份工作的方式。我已经 31 岁了，不愿在一个本应有利于双方的安排中承担所有风险。

招聘我的人听了之后，给出了一个让我终生难忘的回答："上次沟通时我们讨论过这份工作的收入并非 100% 都是佣金。你是忘了那次谈话，还是压根就没听懂？"

那就这样吧。我可以在那一瞬间知道他对我的真实看法，我很清楚我的忧虑是有依据的。因此，哪怕我没得到任何其他邀约，我依然感谢他付出的时间，然后挂掉了电话。我依然忐忑不安，但那时我已经重新获得了继续前进的信心。毕竟，如果说通过四次面试没有提高我的自我价值感，那么拒绝一个侮辱我的人必定提高了我的自我价值感。

不管怎么说，学术界之外的世界是日新月异的。仅仅两个月后，我现在的雇主给了我目前这份工作。

结论

探索期是你改行过程中的一个关键阶段，可以让你了解学术界之外的世界。正如本章所讨论的，信息访谈是承担这项任务的有效工具。它会帮助你熟悉不同的职业，让你找出自己简历中的不足之处，让你在向更广阔的世界推销自己时更加自信。

即便如此，成功的改行靠的不只是认识很多人，了解很多工作：你还需要把自己的优势告诉能够雇用你的人。这项任务需要一系列新的技能——培养这些技能，是你职业转型下一阶段的任务。

行动细则

（1）找一个你的学科中离开学术界的人，安排你的第一次信息访谈。

（2）练习写作简短的电子邮件，直奔主题，只提供绝对必要的信息。

（3）构思一段 20 秒的陈述，说明你为何离开学术界，并且用正面的措辞来描述你的离开。

第 4 章　提炼期

2016 年初秋，一位网络联系人想办法为我争取到当地一家咨询公司的工作面试。我阅读了该公司的资料，练习如何讲述可能引起共鸣的故事，并且挑选了一套看起来很商务、又不会过于正式的服装。虽然我知道这份工作对我来说是一个挑战，但是我相信我可以给他人留下好印象。我满怀期待地走了进去，以为我的求职终于要结束了。

我又一次信心满满。面试开始不到两分钟，我就失去了对谈话的掌控，再也没有扭转局面。每次我试图证明自己从事新事业的承诺，CEO就会询问一些他认为我想做的工作类型——学术工作：在图书馆读书，独自工作，不受截止日期限制地工作。我试了各种办法，都无法扭转局面。虽然他对我有趣的背景和表面上的智识发表了看法，但他不觉得我的技能与他的业务有关系。我甚至没有得到"稍后通知您关于该职位的录用情况"之类的标准回复：在我离开之前，他直接说我不适合这份工作。

三个月后，这家公司又空出一个职位。CEO再次抽出时间见了我，他依然把我视为学术人士。他乐观地表示我们最终可能有机会一起工作，不过，在两次试探之后，我对此表示怀疑。他明显不买我的账。

这些经历迫使我重新考虑我的方法。虽然我自认为已经准备好离开高等教育领域，但是光凭这种愿望显然不够。我的自我介绍中依然处处体现着"学术性"——这是一位雇主无法忽视的巨大风险。

结束面试后，我做了我唯一能做的事：感谢CEO抽出时间，并暗暗下定决心，准备好展现我的学术经历的相关性和价值。当然，弄清楚如何做到这一点是一大挑战。

让你的学位物有所值

虽然很多雇主会被你的高级学位吸引，但是他们往往质疑你在工作中的表现。转行过程的第四阶段，是"提炼"你的学术技能，把它翻译给非学术的受众。再一次地，这个阶段要求你回答三个问题：

（1）非学术人士为什么要关心你的学术经历？

（2）你的学术经历如何为一个组织带来价值？

（3）把过去的工作讲给新受众听的最佳方式是什么？

这项工作本质上是延续你从"探索期"开始的努力。通过把你的焦点从自己身上转移到他人身上，用他们看重的元素来描述你的才能，你就可以把你的高级学位从一个沉重的负担，变成一个可靠的踏板。

"大材小用"的陷阱

找工作就是推销自己。想要成功，你就必须提出一个连贯且令人信服的愿景，说明你是谁、能带来什么，以及你和其他求职者有何不同。

　　你在面试工作时可能面临的最大挑战是，对方觉得，你对于无门槛工作来说是"大材小用"，对于高级职位来说是"小材大用"。这把双刃剑威胁着大多数离开高等教育界的学者。想要避免这种困境，就需要知识和敏锐：一旦你了解它为何如此普遍，它何时会出现，你就可以轻松地应对它。

　　研究生院培养学者成为其他行业所谓的"主题专家"（SMEs，subject matter experts）——深入了解某个具体领域的人。主题专家通常为公司或项目组出谋划策，以应对那些需要特殊关注、超出新手所能获得的知识范围的议题。例如，为一家全球性银行设计财务系统的软件公司，需要将银行的内部流程数字化，以满足该银行覆盖的所有地区的监管要求。由于软件开发人员不是银行法专家，所以他们求助主题专家帮助他们编写符合法律约束的代码。

　　如果你是博士毕业，大多数人都会把你视为某一主题的专家。你面临的挑战是，学院之外几乎没人能将维吉尔之后的罗马诗歌知识，或18世纪法国小说中的性别建构进行变现。哪怕是科学家也无法避免这种困境：虽然你的技能在名义上能胜任各行业的工作，但由于研究生院的学习是高度专门化的，许多人仍然面临招聘的偏见。[1]

试图说服非学术人士关注你研究的是**什么**，可能是徒劳的。用上文的例子来说，一家软件公司不会雇用一个研究全球银行法的主题专家，让她在键盘上敲代码。即使她能胜任这份工作，她也不太可能是最佳人选——至少从招聘经理的角度看不是。想要反驳这一点，明显是不合理的。

摆脱这种简单化的思路的一个办法是，让人们相信你不是一个主题专家。我将在下文中更详细地讨论如何翻译你的学术经历，不过，目前，一个简单的口号就足够了：强调你**如何**研究，而非研究的是**什么**。

把焦点放在方法论上是实现这一目标的好办法。每个学术领域都以独特的方式考察问题——而且作为拥有高级学位的人，你很擅长用本学科的工具来理解、综合和报告原始信息。[2] 对于非

---

1 Adam Ruben, "When Ph.D. Stands for Problematic Hiring Detriment," *Science*, January 23, 2019: https://www.sciencemag.org/careers/2019/01/when-phd-stands-problematic-hiring-detriment.

2 Isaiah Hankel, "Why Employers Prefer PhD Job Candidates," *Linkedin Pulse*, November 12, 2018: https://www.linkedin.com/pulse/why-phds-misunderstood-feared-isaiah-hankel-ph-d-/.

专家来说，强调你应用于历史数据的统计理论，或者用来检验科学假说的策略，比你所分析的那些细节更好理解（而且往往更有趣）。

你还可以谈谈与你在高等教育行业的工作有关的活动。你可能管理过项目、组织过会议、领导过委员会——这些都多多少少涉及赶截止日期和有效分配工作的经验。学者们通常认为这些技能是理所当然的，因为它们是教授的"筹码"。如果不在其他场合提到这些技能，你就大错特错了。这些才能是有价值的，但潜在雇主只有在你开口之后才能得知。

与此类似，你肯定有许多"软技能"，毕竟你这么多年都在跟青年、学者、行政人员打交道，他们都相信他们的利益是你的首要关切。[1] 虽然在向非学术人士介绍自己时，你首先可能不会展示这些属性，但重要的是要证明在你自己的专业背景中，你擅长与职位低于你、相当于你、高于你的人共事。

有些人天生擅长概括他们的学术经验，并以

1　Katina Rogers, "Humanities Unbound: Supporting Careers and Scholarship beyond the Tenure Track," *Digital Humanities Quarterly* 15.1 (2015): http://www.digitalhumanities.org/dhq/vol/9/1/ 000198/000198.html.

热情和信念传达他们的优势。例如，迈克尔·齐姆能够走进一间办公室，找到 CEO，向他要一份工作。这种方法无疑是不寻常的，而且需要一种特殊力量的性格。迈克尔的成功，是因为他让新老板相信，他能为公司不断壮大的团队带来独特的视角，帮助他们以不同于竞争对手的方式解决问题。他那百科全书式的历史知识和随机应变的能力，让老板做了这个决定：虽然 CEO 不知道迈克尔到底能为公司做什么，但是他坚决发出了邀约。

另一些人在尝试提高学术经历的吸引力时，会寻找更熟悉的途径。今天，许许多多职业协会、企业和社会企业都设立了"桥梁奖学金"（bridge fellowships）以帮助学者改行。这些项目的一个好处是，申请流程与学术界的要求几乎相同。另一个好处是，遴选委员会通常包括前学术人士，在你解释如何在新环境中应用你目前的技能时，他们能够心照不宣。

这类职位通常看起来是离开学术界的完美方式，但它们也有一个问题：它们的竞争往往与终身教席一样激烈，甚至更激烈。因为对这类奖学金的申请者来说，他们的竞争者是每一个在学术界没有前景的人（实际上，也就是学术界大多数人），在这群人中脱颖而出或许比获得终身教席**更难**。

　　我对于这些机会的经历是有喜有忧的。虽然我的所有申请都没有获得面试机会，但是每次申请都促进了我对潜在行业的探索，帮助我鉴别自己的哪些经验与我所在的地区中从事有趣工作的组织有关。我强烈建议你采取和我一样的态度。如果一项奖学金看上去非常契合你的背景、兴趣和个性，那就去申请吧。不过，不要因为申请格式是熟悉的，就花费太多精力强迫自己融入不合适的圈子。机会成本是很高的，而成功的可能性却很低。

　　把你的学术经历翻译给新受众的更可靠办法，是写一份高效的简历（résumé）。因为这份文件不同于你熟悉的履历（curriculum vitae），所以，在说明如何把履历翻译成简历之前，我们最好先总结一下二者的区别。[1]

　　履历要一一列出你的专业资格和成果。它的结构是十分严格的：教育背景、工作经历、发表作品。虽然你在申请具体工作时可能会修

---

[1]　虽然关于制作简历的资源数不胜数，但是，巴萨拉和德贝柳斯的《那么你打算做什么？》一书的第 4 章尤其出色。

改简历——比如改变你的研究和教学部分的顺序——但其组成部分大致是不变的。所以求职信（cover letter）在学术界的求职申请中扮演了重要角色。它们可以向收件人说明来意，并且把简历中与本次机会特别相关的细节凸显出来。

显然，简历更具有选择性。它是一份更有说服力的文件，凸显相关的技能和成果来解释你为什么适合这份工作。今天，它通常被单独提交，或者——在发送电子邮件的时候——附带一个简短的、一两段话的说明。这种区别是至关重要的。因为你不可能带着对方把你的简历从头至尾浏览一遍，所以文件本身必须引导读者获得最有可能说服他们更深入了解你的那些信息。

本章提供了一套组织简历的办法，它适用于诸多领域。不过，小心驶得万年船。在套用针对特殊工作的模板之前，先看看关于你的目标行业的建议——从该领域找一些真实的简历来指导你的自我介绍。不同的领域有不同的期待，你必须向听众提供**他们**想听到的信息，他们才会考虑给你职位。这番考察不用花太多精力。你可以在领英上看看他人如何营造他们的职业形象，然后联络你结识的那些联系人，以获得简历修改方面的反馈。

如何写简历

首先从姓名开始。把姓名写得大一点，写在页面的左上角（大多数英语读者都会先看这里）。挨着姓名下边，对自己做一段精辟的描述，用通俗易懂的词语说明你能为你申请的机构带来什么价值。最好的总结是简明扼要的——短到只占半行篇幅，最多不超过三行。

这个开头需要引起读者的注意。要有冲击力。要着眼于大局，而不是写一堆长句子来列举相关特点。例如，最好说你"协助机构按时交付项目"，而不是"作为一名客座助理教授，克里斯能够在短时间内从事教学、设计课程、制定日程、开展研究"。

你可以用几个黑色小圆点，把"关键词式的"技能列在自我总结下面，或者页面右侧的窄栏中。这种格式既吸引眼球，又便于阅读。把重点放在与你申请的职位最相关的属性或知识上，用职位列表中的关键词对这些属性进行排序。如果你无法判断正在招聘的机构看重哪些技能，你可以按照从最强和最独特到最弱和最一般的顺序，对这些技能进行排序（例如，"发表过作品的作者"应该排在"基本了解微软办公软件"之前）。

这里用几个例子来说明如何把这一常用建议运用到实践中。在下文中，我将给出前学术人士的真实简历范本，分析这些简历中最有效的元素。我先展示一下我的自我总结：

克里斯创造清晰、有力的信息，可以帮助机构更有效地展示它们的优势和愿景。白天，他是一家全球咨询公司的传播战略专家和写手；晚上，他为学者提供咨询，帮助他们转行。他曾经在高等教育领域工作了十年，是临时教职的推广者和罗马历史与文学教授。针对下列领域进一步了解他：

· 信息战略

· 说服性写作

· 提案制定

· 建立人际网络

写这段简介时，我用简单的、通俗易懂的语言凸显了我能给机构带来的价值。我首先说明自己有能力把大局观带给更多人，把自己定位在销售和营销领域。我的第二句话更准确地把我的经历定义为一名传播战略专家、写手、职业生涯指导。我用了并列的句式（白天……晚上……），说明我既擅长应对企业环境，也擅长与私人客户进行一对一交谈。最后，我在介绍学术背景时，把服务工作放在专业领域前面。这样做可以让读者把注意力放在他们能理解的活动（宣传推广）上，而不是他们不理解的主题（罗马文学）上。这样一来，他们会认为我是一个通才而不是主题专家。

自我总结后面的几个条目，则让那些草草浏览的人能看到关于我的关键事实——判断我的简历是否满足他们的要求。以这种方式组织我的自我介绍还有一个好处：我可以针对不同的受众来扩充或减少黑色小圆点的数量。上文的版本强调了我在业务管理领域的工作，而我的个人网站则更多地介绍了我作为职业生涯指导的活动。

我对上述简介的最大批评是它太长了。虽然我尽量把它控制在三句话之内，但它还是变成了四句话。分号也不太合适。这个标点符号很少用在学术写作之外，它可能会减慢读者的阅读速度，尤其是不清楚分号正确用法的读者。事后看来，我应该写一句更短的口号，在"技能列表"或"工作经历"中强调其他概念。

伊丽莎白·塞格兰彻底省略了自我总结，以达到简洁的效果。她把她的工作经历提炼成四条

内容，有理有据地说明为什么她能成为一名好
记者：

个人简介

- 南亚和东南亚文化、历史、政治和妇女议
  题专家
- 出色的写手和公共演讲者
- 多元化的职业经历；胜任团队工作和领导
  岗位
- 曾在法国、比利时、新加坡、印尼、印
  度、英国和美国生活和工作

这份清单简洁明了，直奔主题。它说明了伊
丽莎白的知识领域、各项技能和工作经历，但并
没有歪曲她的真实背景。虽然它的形式简单，但
不可否认它是有效的：这段自我介绍，就是帮助
伊丽莎白获得第一份非学术性工作的简历开头。

把这段 2011 年的文字与伊丽莎白目前放在
她的网站上的履历进行比较，会让人很有启发。
虽然由于体裁不同，你不能把下列文字作为你的
简历**模板**，但是可以学习她如何更有效地**组织**她
的学术经历：

　　伊丽莎白·塞格兰是《快公司》的高级撰稿人，其作品发表于各大出版物，包括《大西洋月刊》《外交事务》《外交政策》《国家》《新共和国》《高等教育纪事报》和《沙龙》。她的著作《河流之声》在 2012 年由企鹅出版社出版。

　　她在加州大学伯克利分校获得博士学位，研究领域为南亚和东南亚研究，辅修了"妇女、性别和性"课程。她是一名印度专家，花了十几年研究印度的历史、文学、文化和性别动态。

　　她是一位世界游民，成长于布鲁塞尔、巴黎、新加坡、雅加达和伦敦，后来搬到纽约，就读于哥伦比亚大学。她住在马萨诸塞州剑桥市，与她的书、她的丈夫和她的女儿一起。

　　这段关于伊丽莎白过去的叙述是有效的，但不是直接的。从当前工作讲到个人背景的过程中，它做出了一番含蓄的论证，来说明为什么她是一名出色的作家和评论家。

　　伊丽莎白在第一段话中用一大串发表她作品的知名媒体吸引读者的注意力。这里的关键策略是**展示价值**。即使浏览她的网站的人没有读过任何关于她的东西，他们也会知道伊丽莎白是一个成功的作家和记者。她的职业成就是有目共睹的。虽然在拥有非学术经历之前这个方法可能行不通，但你依然应该在简历的开头说明自己能为想去的公司带来哪些价值。

在第二段话中，伊丽莎白讲了她的学术经历，但没有夸大它与目前工作的关联性。这种平衡对于处于你这个位置的人来说至关重要。如果你想显得靠谱，那么你既要说明你能够做的工作类型，又不能装作无所不知。为了做到这一点，伊丽莎白强调了她如何花了十年时间分析印度语境中文化元素（历史、文学等）的交叉互动。这种技能对于记者来说是必不可少的——尽管伊丽莎白没有直接点明这一点。

第三段话生动地描绘了她穿梭在不同文化和地域中的生活——转而又描述了上大学和为人母的经历。伊丽莎白展现出了有趣，却又让人觉得很好相处，是那种你在鸡尾酒会后想认识的人。综上所述，你很容易就觉得已经了解她了，虽然她用了不到 150 个字就制造了这种印象。

在写自我总结的时候，不用担心不够完美。没有一种"正确"的办法可以让它变得亮眼或出众——而且你会随着时间的推移改变你的自我介绍。相反，你应该试着满足目标行业的期待，避免看上去像个主题专家。如果在这些方面取得哪怕很小的成功，你就有可能让招聘经理更认真地考虑你的申请。

一旦搞定了开头，接下来就该列出你与申请的职位相关的工作经历。首先是你最近的工作，接着从后往前推。在每份工作下，用两到三个黑色小圆点凸显你在该职位上的成果。你应该只列出能让雇主了解你如何思考、如何工作，或者你能做什么的那些职位。在这一部分，你应该列出你所担任的任何助教职位，而不是你的教育背景：这样做可以防止读者认为你在研究生期间只是**学习**课程。

一如既往地，请记住用能引起目标受众共鸣的方式来展现你的成功。在我的学术职位下，我不再写我每学期教授三门课程。虽然这个说法可能是真的，但它强化了一个常见的假设，即教授每周只工作九个小时。与此相反，我更愿意展示自己每年提供 50 万美元的教育服务。即使在学术界之外工作了两年多，我依然觉得这样描述自己的经历有些奇怪。不过，这种做法让我现在的公司同事能够理解我过去的工作——特别是因为这个数字足够大，让它听起来就不一般。[1]

---

1 想得出这个数字，只需要用你所在大学每年的学费（除去食宿费用）除以学生每年的课程数量，再乘以你教的学生人数。

如果你担任过多个客座助理教授职位，你可能需要让这些职位之间有足够的差别，才能引起读者的兴趣。要发挥创造性，利用简历的选择性来发挥你的优势：如果把每份工作的六项成果分成多个条目——或者如果你想证明随着时间的推移，你的荣誉一个比一个高——那么人们就会一头雾水。

在撰写简历的这一部分时，一个重要的问题是：相关的经历应该追溯到多远？最好是在情理之中的。如果你大学期间曾在某家营销公司实习，并且认为你可能会做与此相关的工作，那么就可以把它写上去。反过来，如果你说自己在暑假期间为户外游泳池管理前台的工作中学会了业务运营，这就不太合理了。

我在惨痛的经历中学得到了这个教训。当我试图在面试中提到这段经历时，招聘经理眉头一皱，追问了一个我答不出的问题。虽然我可能从那份工作中有宝贵的收获，但是我完全不了解财务、分析驱动的流程优化、变革管理，以及担任运营顾问这份工作所需要知道的其他概念。

简历的第三部分应该写上你在专业协会中担任的志愿职位和服务性角色。如果你的职能是众所周知的，那么写上即可；如果不是，那就用一两个条目来描述你的成就。只要确保告诉你的读者他们想知道的东西。没有人在乎你是否给"现代语言协会"交了会费，但是许多人会认为，你在地方领导委员会的职务可以说明同行们认为你是负责的。

教育背景应该是简历的最后一部分——除非你的高级学位确实可以让你胜任那份工作，或者你被要求把这部分放在前面。这种结构有可能避免读者在阅读你的工作经历和技能之前就认为你"大材小用"。在描述学术经历的细节时，要使用非学术人士能够理解的词语。每个学位下面要省略论文标题和导师姓名，但是要写上在每个学习阶段获得的奖项或荣誉，即使它们看上去是无聊和多余的。虽然很少有读者会真正知道这些荣誉意味着什么，但他们会以此来判断你在你选择的领域是否成功。

奖学金和补贴值得特别一提。这些奖项在有些学科中过于普遍，以至于似乎不值一提。例如，在我曾经的学科领域中，几乎没人在没有学费减免和补贴的情况下获得高级学位。许多人因而把这些荣誉从他们的简历中完全删除。

在写简历的时候，忽略奖学金是一个严重的错误。许多看不起学术界的人（特别是轻视人文和社会科学的人）认为攻读高级学位就是欠下一笔无法偿还的债务。表明你在研究生期间**赚了钱**，可以消除这种偏见——并且说明为什么你选择攻读高级学位而不是本科毕业后就进入就业市场。

帕特里夏·索莱尔在寻找学术界之外的工作时，就把上述许多策略付诸实践。因为她所申请的美国政府的工作要求她在简历开头列出她的教育背景，所以她把这部分内容变成了对她的成果和资格的有力证明（见下页表）。

这一部分之所以是成功的，是因为它描述了学术细节（用两行字写了三个学位，以及惊人的绩点），并且强调了与科层制管理有关的技能。帕特里夏很快就证明她能够赚钱，高效地写作，管理项目，并在普通人和专家听众面前发言。简历的版面设计还让她凸显出每个类别下的多项成就——让她的教育背景变成"点睛之笔"，让人们不再怀疑她的博士工作与非学术性工作的相关性。

我在本节中提供的指导可以帮助你组织一份简洁的简历，让读者不会因为你的高级学位而对你产生偏见。话虽如此，如果这些规则不适用于你，那就打破它们。如果某项服务经历或某份志

华盛顿
2014 年 1 月
2004 年 5 月

教育背景

乔治城大学－西葡语系
博士，拉美文学与文化（平均绩点：3.78/4.00）
硕士／学士，西班牙语

- 奖学金：7 年带薪博士奖学金；1 年关于葡萄牙语的外国语言和地区研究奖学金。
- 补助：12 次学术会议补助；赴巴西进行为期 3 个月的论文研究的补助；弗吉尼亚大学珍本书院的研究补助；由图书馆馆长亲自挑选，获首次补助，以促进原始文献资料的研究。
- 发表作品：1 篇同行评议论文；2 份图书馆目录；1 篇关于外交政策的文章；1 篇关于公共政策的书评。
- 项目经理：乔治城大学前任教务长亲自挑选的，梅隆基金会提供的补助，用于制定一套方法来评估"谷歌图书"对学术界的质量和实用性（本研究即将于 2014 年出版）。
- 补助申请的撰写者与筹款人：作为研究生学生的联合主席，找到新的补助来源，筹集了超过 20,000 美元（比上一年度提高了 20%）。
- 分论坛发言人：12 次学术会议，包括著名的现代语言协会会议，巴西美国研究协会会议，国际图书大会。
- 媒体亮相：接受美国国家公共广播电台采访，讨论原创性研究发现（2008 年）。

愿工作与你想要的工作高度相关，那就把它列在你工作经历的第一条。

还要记住，有些经历和成果是收效甚微的。除非你申请的是写作者或编辑的工作，否则，你应该把你的学术发表作品写在你的工作经历中。如果你会说任何外语，在你的技能列表中列出它们——但前提是你说得足够流利，可以进行对话。省略那些与你的职业前景无关的学术副业也是谨慎的做法。大约有两年时间，我为欧洲的一项倡议将讨论拉丁语作品和作家的意大利语研究成果翻译成英语。可惜我无法用意大利语**交谈**，而且我对学术行话的了解在业务上对我没有帮助。对我的简历而言，那 200 页的专业翻译可有可无。

翻译你的学术经历

到此为止，我已经推荐了一个通用的简历框架（自我总结、技能、工作经历、志愿服务经历、教育背景），并且建议用条目来凸显那些产生了有意义的成果的工作。问题在于受众对于"有意义"的定义不同。除非你的学术经历让商业、教务行政、政治或非营利管理领域的专业人士产生共鸣，否则，你的简历不会引起读者的注意，也不会帮助你得到一份工作。

虽然在某些情况下，我可以给出一些向非学术人士翻译学术经历的规范性指导，但是，想要做到巨细无遗是不现实的。学术领域在知识、技能和方法上都有很大差异——而我的经历仅限于人文学科中的一门深奥的学科。

在这些情况下，我能做的就是说明我自己是如何进行这种翻译的。通过我的现身说法，我将给出一套可以模仿的流程，帮助你从自己的故事中"提炼"出适用于具体行业的意义。

这一节占据了本章剩余部分。为了便于阅读，我按照所谓的终身教席三大支柱把它分成三部分：教学、服务和研究。

·教学

当你告诉别人自己是一名教授或想成为一名教授时，大多数人首先会认为你是一名教师。请记住，许多假设都因这种观念而起。他们可能会想象你过着很悠闲的生活，每周工作 9 个小时，享受无忧无虑的漫长夏天。虽然这种想象可能是错误的，但它是可以理解的：只从学生的角度体验学校的人很少能跳出这种印象去想象教授。

为了说明教学是如何与其他专业领域产生关联的，你必须克服这种文化上的刻板印象。幸运的是，你的学术生活的这一方面是最复杂多样的——而且一旦有人提出质疑，你也最能侃侃而谈。

在我看来，你必须具备五种技能才能成为一名优秀的教师：项目管理、公开演讲、组织会议、平衡各方利益、情商。[1] 我们挨个儿来看。

———

项目管理指的是，制定总体计划，细化成功所需的各个步骤，把这些要求对应到日程上，让你有足够时间在规定期间内完成工作。它需要一个在大局和细节之间游刃有余的头脑，以及快速学习基本概念的能力。最重要的是，它需要一种纪律，当某个工作进度的延误可能拖累其他工作时让项目重回正轨。

作为一名教育工作者，你每天都在磨炼这些

1　Rogers（2015）¶29ff. 描述了拥有高级学位的雇员及其雇主认为"另类学术行业"的专家需要进一步学习的那些领域。她对项目管理的考察说明，学术界不应该高估这一技能。

技能。开学踏入教室之前，你就知道接下来 16 个星期你要做什么。一旦你写好教学大纲，你就知道自己希望学生在学期末能学到什么，并且为这些教学材料分配可用的时间。这种做法可能需要做出艰难的选择，砍掉本来想讨论的主题，扩充欠丰富的内容，以保持一种平稳的节奏。

拟定这个计划之后当然还有很多事要做。你要选择最有效的方式来教授你希望学生学到的内容，无论是通过阅读、练习、测试，还是其他不太传统的方式。多样性是至关重要的。每位教师都知道，吸引学生的注意力可以促使他们学习——并且更容易评估他们的知识和技能。不过，哪怕是确定要评估的对象，也需要仔细权衡。你不仅要确定你认为学生在某门课程中应该学到的东西，而且要让你的教学材料适应更大的项目成果和学校倡议。

你必须先完成所有这些工作，然后才能编写讲义、制作幻灯片、花时间来评分、安排上课时间——以及进行实际**教学**。所以，毫无疑问，你很清楚如何制定计划。而且，到了执行阶段，你可以选择其中最好的计划。学者们经常教授多门课程，涵盖他们计划好的话题，尽管暴风雪、学生提问或（就像我遇到的情况）足球比赛导致的课程取消会造成一些延误。

凭借所有这些经验，你有理由说自己是项目管理的高手。想让别人相信这一事实，只需要用一些事例说明你如何在实际环境中运用这些技能——并且保证一旦你学会新行业的基本知识，你就可以挪用这些技能。

———

下一项技能是公开演讲。虽然这是你最显而易见的技能之一，但你必须提醒人们你经常进行公开演讲。如果你在学院里担任全职教师，那么你每星期至少有 8 小时站在一大群人面前。你知道如何让整个房间充满能量，如何应对突如其来的问题，如何确保按时完成演讲。事实上，你总是争分夺秒地说话，不管你有多少时间，在只剩五分钟的那一刻你会有所察觉。

这种经历本身已经很了不起了，更有甚者，你可能还要在各种各样的受众面前演讲。有时你要把材料讲解给某个学科的初学者，剖析你讨论的每个概念。在有些情况下，研讨桌旁边坐的是知识深度与你相仿甚至超过你的人。因此，你不仅要知道如何通过讲义材料带领一大帮人，还要知道根据不同受众传达不同信息，在他们之间无缝切换。

而且，我们不能忘了这个模式中娱乐性的部分。毕竟，你的大部分工作是让年轻人对他们不感兴趣的主题感到兴奋。教师是化腐朽为神奇的专家。这项技能不仅仅是一种技巧——它是可以变现的。组织和机构所做的大多数工作并不令人兴奋。它们需要具有热情和魅力的人消除人们的怀疑，传达他们的信息。无论成功的标志是赢得新客户、让捐赠者提供大笔捐助，还是说服选民投票，教师都能胜任。

在向人们介绍你的教学工作时，不要害怕把话说得太满。我使用的推销方法，是基于对我的学术领域和我居住的城市的假设。虽然根据不同受众有所不同，但我的方法大致如下：

我花了三年时间说服新奥尔良的大学生们去背诵罗马历史上的名字和日期，而不是去波旁街瞎逛。如果我能做到这一点，我就能把任何东西卖给任何人。

这种说法可能有些夸张，但它很有效地说明了你的教学经验如何能够挪用到意料之外的地方。

———

　　教学能够培养的另一项你没有意识到的技能，是组织会议的技能。事实上，你每次主持班级讨论时都展现了这一技能：设定议程、布置房间、把要点写在白板上，并且作出最终总结让大家回到同一轨道上。但是，你也可能深知，推动一场对话不仅如此。它要求你用探究性的问题带领这个小组，而不是直接告诉参与者如何思考——而且你要在人们没有准备好的时候随机应变。简而言之，你要让别人相信他们坐在驾驶座上，同时在不知不觉中推动他们在马路上前行。

　　大多数研究生和新晋教授在这方面都有丰富的经验。如果你是其中的一员，你就会知道要为一场对话做哪些准备，而且你可能会知道"苏格拉底式方法"为何如此有效。一个简单的事实是，当人们亲自参与了得出结论的讨论时，他们更愿意接受这个结论。

　　在学术界之外，这种结果被称为"利益趋同"（stakeholder alignment），它可能是项目成功的最关键因素。如果人们不同意某项计划——或者认为他们被排除在制定计划的过程之外——工作可能马上会延误或瘫痪。因此，能够实现趋同一致的人对任何团队来说都是宝贵的。

为了弥合"主持一场讨论"和"组织一场会议"之间的差距，你可以考虑用更抽象的术语来谈论这项技能。我试着把它视为一门组织讨论的艺术，它将人们导向共同的理解或目标，即使我不知道结果会是什么样子。事实上，人文和社会科学是这门艺术的理想训练场：如果你能帮助人们在文学的意义这种模糊的话题上达成一致，那么，处理具体的议题更是小菜一碟了。

——

学者也善于平衡各方利益。每次走进教室，你都受到对你的工作感兴趣的各个群体的需求、欲望和要求的影响。一个例子就能说明这一点。

当某个学生即将在你的课程上挂科时，在决定怎么做之前，你必须权衡至少五方利益：

学生。他们通常认为通过考试符合他们的最大利益，这样他们就能按时毕业，让父母满意。即使他们没有付出努力，他们依然拼命追求这一结果。但是上大学不是为了通过考试——上大学是为了**学习**。他们最好的做法是退掉你的课程选择其他课程，或者甚至接受不及格的分数，这种现实的后果会迫使他们从错误中吸取教训。

院系。注册率通常决定了预算。也就是说，让学生退课或挂科可能有损院系的利益。但是让他们通过可能也有坏处：学生可能认为这个成绩是他们应得的，然后注册他们没有准备好的高年级课程。这不光会导致他们再度陷入困境，而且会把负担转嫁给你的某位同事。

学校。今天人们普遍期望大学让尽可能多的学生通过考试。毕竟，毕业率是大学排名的一个关键指标，而且更多的校友意味着更大的捐赠基础（至少在美国，即使公立学校也依靠捐赠）。但是，这些短期的好处会被长期的损失抵消掉。假如你让足够多的学生通过考试，但他们的能力与学位不匹配，那么随着时间的推移，学校的名声会一落千丈。这种趋势可能会危及学校吸引优秀学生或教师的能力、学生为自己的成就而自豪的能力，以及校友凭借其学位找到工作的能力。

学科领域。由于学生的水平不同，你所在的学科也会受到牵连。培养更多的学生、硕士甚至博士通常是一件好事：这能够把你的学科的观念推向社会，吸引更多的资助，产生更多潜在的教师或该领域专业协会的成员。但是，这些人如果没有掌握你所在领域的内容、工具和方法，可能会适得其反。公众对你的学科的印象可能会受损，或者这个人会成为一个糟糕的教师，反而削弱了下一代学者。

你自己。对你来说，最简单的做法当然是让学生通过。这意味着你可以少花些心思，回到其他优先事项上。但这种做法可能会有损你的名声。其他学生可能会知道你是个好好先生，你在纵容一个学生后就很难拒绝其他学生了。此外，你有职业义务为了上述五方的最大利益而行动。无论你有没有从结果中受益，你都具有这一义务，判断失误可能会惹上事端，甚至给你的名声带来不可挽回的损害。

这种常见的情况其实比表面上看起来的更加复杂。在我看来，主要问题在于你不知道你的首要忠诚对象是谁：各方利益都有理由说自己是最重要的，你采取的任何行动都会对每一方产生积极或消极的后果。大学很少制定政策来规定教授应该如何解决各方冲突。你往往只能自己去体会它们。

在决定如何行动时，你必须权衡自己的行动将如何触动各方利益。你不可能万无一失地做出"正确"的决定：这种事情是不存在的。相反，你能否应对突发情况，要看你如何有理有据地做出决定，优先考虑哪些利益方的利益。

作为一名学者，你很有可能遇到过这种情况。虽然你可能没有像我这样细致剖析它，但你肯定也依据某些标准来做出决定。

再一次地，用更抽象的术语进行思考，是把学术经历翻译成"可挪用的技能"的第一步。每个机构都需要剖析问题，评估政治风险，并保护自己别惹上事端。这一事实，既适用于即将开拓新市场的公司，也适用于为年度晚会选择主讲人的非营利组织。证明你能够批判性地思考抽象问题并设计一套系统来在多个坏选项之间做出决定，这会让潜在的雇主相信你能保护机构——并且说明你在工作中遵循"不做有损公司之事"的原则。

——

情商是本节讨论的最后一项技能。这一属性是商业领域的一个热门话题，虽然它本身不是一个能让你被录用的特质，但它很可能让你从其他人选中脱颖而出——让经理有信心雇用你。

虽然刻板印象认为教授们是不懂社交规矩的老古董，但是现代学术界要求你对周围的人高度敏感。每天你都穿梭于你所在领域的新手和比你年长的专家之间，穿梭于年轻人和古稀老人之间。这些群体的社会期望值差别很大，而你的职责是在这些群体中游刃有余地工作。

你在课堂内外与学生打的交道也从这方面锻炼了你。你在上课时要判断学生何时是专心的，何时在打瞌睡，从而决定继续上课或及时调整。与此类似，与需要额外帮助的学生进行的一对一课程也教会你如何友好地提供负面反馈，以及用不同的方式来解释同一个概念。最重要的是，你学会了引导人们走向成功，而不仅仅是帮他们把事情都干了。由于当今大学的一个趋势是教授充当心理健康支持的第一线，你可能已经学会了对人的行为进行基本解读，在他们处于压力下时发出预警信号。

简而言之，你可能比许多学术界外部人士所想象的更善于与他人打交道，更善于适应多样的社会环境。你一定要分享那些凸显人际交往的事例，从而展示这一能力，特别是当你在人际交往中游刃有余并取得了积极的结果。

———

综上所述，你的教学经历可能给你提供了许多可以在学术界之外变现的技能。大多数教育工作者都发展了这五项技能：项目管理能力、对公开演讲的适应性、组织会议的能力、平衡各方利益的能力、很高的情商。这些特质可以在任何组织机构中发挥最大的作用——并且当你一旦熟悉了新的工作环境，你就处于有利的位置，可以大放光彩。

· 服务

服务——你为你的院系、学院或学科承担的行政职责——是学术生活的另一个方面，它培养了你在学术界之外也用得上的技能。不幸的是，许多学者忽视了这类工作，在寻求向非学术环境展现他们的价值时未能挖掘其中蕴含的价值。

为了克服这个盲点，我们要注意找出那些符合条件的活动。首先，列出所有干扰你的教学和研究的教务工作。这些条目可能包括为教职工大会撰写委员会报告、组织研究生会议、管理某个院系的客座讲座日程等。一旦列出了清单，你就可以浏览每个任务，评估哪些是你喜欢做的，哪些是你不喜欢做的。

如果你正陷于"终身"职位或准备辞去终身职位，那么你可能在这个领域有丰富的经历。如果你是研究生或临时教职工，可能就没有这么幸运了。作为大学的临时雇员，你们往往被排除在"自治"的事务之外。即便如此，你也要充分利用你的职位，一旦找到愿意探索的任务，尽量投入其中。

接下来，问问自己**为什么**喜欢某些工作而不喜欢其他工作，尽量具体一些。如果你对某个职位的感情很复杂，试着区分哪些任务是有趣的，哪些任务让你感到厌烦或恼火。这样做能让你专注于那些让你兴奋的经历，而你也会自然而然地以更大的热情将其传达给他人。

把服务经历的范围缩小之后，想象一下你要如何向非学术人士描述它。记得一定要提到一两个事例，来说明你如何在这个角色中获得成功，哪些个人特质让你取得成果。在这之后，把这些经历放到你的信息访谈中，并且根据你收到的反馈来改进你推销自己的方式。

——

由于不太可能解释如何将你担任过的任何可以想象的服务性角色转化为非学术人士能理解的说法。因此，我只能凭借自己的经历详细讨论其中一种角色。具体地说，我将说明我如何担任古典学研究学会临时教职工委员会主席。这个职位对我来说如此有趣——而且与学术界之外的人有关——以至于它取代了客座助理教授的工作，成为我简历上的第一项经历。

这一次，我们先看"最终产品"，说明它试图实现什么效果。之后，我将对作为自我总结原材料的工作经历进行叙述性的解读，剖析我为什么选择其中某些细节。

2015—2018 年：古典学研究学会

主席，临时教师委员会

主席，非终身制教师议题咨询委员会

在三年的时间里，我把专业协会的一个 20 人咨询小组变成一个常设委员会，为临时教师争取了一系列利益和保障。其中包括对我们的职业道德声明的修改，以及新的差旅基金的设立。我取得的成果与机构的收益无关，且均在机构的有限职权之内。我取得成功的关键在于具备下列技能：

- 对针对同一目标的不同观点持有者进行协调
- 按照清晰、连续的各阶段执行长期战略
- 发现团队的各项优势，相应地分配工作
- 说服怀疑者接受政治敏感的目标

　　这段描述目的是让大多数人了解我的角色和我在其中所做的工作：它展示了我的成果，说明了这些工作的规模和代价，并且总结了我如何亲自完成它们。它还凸显了我认为最有可能挪用到其他领域中的一系列技能：协调能力、项目规划和执行、分配能力、各方利益管理。为了确保我的读者不会错过任何一个要点，我用单独的条目阐述每项技能，这种格式比一大片文字更能吸引眼球。

　　不可否认的是，我多次修改后才完成这段简单而连贯的自我总结。因为我了解这份工作的细枝末节——知道它们花了多少时间、多么难以完成——所以一开始很难把重要的信息与无关的数据截然分开。下文对这份工作的更全面的叙述将清楚地说明这一点。在阅读下文的叙述时，你可以比较上文的版本，看看我如何提取具体细节，又如何用非学术语言讲述它们。

2015 年，我所在的专业协会的主席召集了一个关于非终身教授议题的咨询小组。我加入小组时，我们没有明确的领导人，也没有粗略的任务安排。结果，我们的电子邮件交流一片混乱。有些人想成立工会，有些人感叹终身教师们和整个协会没有给予我们应有的价值和尊重。小组没有明确的方向——只是在混乱中发泄怒火和牢骚。

大家似乎都清楚，这样下去找不到一条可行的前进道路。因此，当大家呼吁某人牵头这个小组时，我站了出来。

其实我不认为我有资格。当时我博士毕业还不到一年，只担任了几个月的临时职位。我是幸运的，当时大多数学者都很矜持，只有一个人自告奋勇——而且表示只要有人站出来他就退出。

于是，我不到 30 岁就接手了一个全国性组织的咨询小组。我完全不知道自己在做什么，或者应该做什么。但是我具备三个特质：第一，我有热情；第二，我承担"轻松的"一学期三门课的教学量；第三，我知道我们无法解决问题是因为它们尚未被界定。

　　我担任小组领导后的第一个举措是挑选一位秘书让我们变得秩序井然。这位自告奋勇的女士积极参与我们的讨论，我后来得知她就是有兴趣担任协会主席的另一人选。她也有使用在线共享文档和建立共享工作区的经历——而且她曾经在一家营销公司担任调查和分析工作。

　　她把这些工具安排和运行起来后，我开始说服小组成员专注于当前难题的细节部分，从而采取统一行动。这项任务的工作量比表面看上去的更大。为了完成它，我留了 6 个月时间，让大家一起来评估非终身制教师在其职业生涯不同领域的表现。我们逐个考察这些议题，分享彼此的个人事例和针对系统性问题的文章。我们也对协会成员进行调查，了解他们如何看待大学里的临时教职，从而为我们的议题提供更丰富的定量数据。这些工作全部完成后，我撰写了一份报告来总结我们的发现。这份文件给出了一个大家都认可的理解，让我们可以在同一基础上确定后续步骤。

　　我们用下半学年来敲定实际方案。我将协会成员分成几个工作小组，每个小组负责评估一个领域。虽然我给他们充分的自由来提出他们认为合适的建议，但是我也提醒他们，可行的方案必须是务实的、不花钱的、在我们有限的行动范围内的。5 月初，我们商定了我们认为协会应该追求的五个目标，这将为临时教职工得到更好的待遇铺平道路。我随后拟了一份简报，其中包括前一年秋天我们指出的问题的缩略版，以及对我们想实施的方案的说明。在得到小组的反馈并进行最终修改后，我将报告提交给了协会的理事会。

我们取得的成就显然震撼了他们。理事会向我们建议，在下一年年初把咨询小组变成常设委员会——这一结果让我们能够追求我们确立的目标，并且在未来实现新的目标。此外，他们从其他渠道腾出资金，为临时教师参加协会年会提供差旅补助。虽然我们没有提出这项要求，但我们的报告让他们相信这个关键议题必须尽快解决。

这场胜利唯一的负面结果是我们不得不更严格地遵守协会的章程。这样一来，当委员会成为常设组织时，我们的小组从 20 名成员减少到 6 名。更少的人意味着更少的工时，所以我们决定只专注于那年春天我们向董事会提出的两项倡议。

我们首要关切的是修改协会的职业道德声明，补充关于临时教师待遇的内容。这个过程漫长而复杂：我们必须给出修改建议，争取副主席的支持，并且把道德声明的修订版提交给全体成员进行表决。从头到尾，这个过程花了大约 18 个月，但结果最终如我们所愿。

这时，我的小组领导任期也到了。在组织了一次由其他学科的同行参加的会议，并且开展头脑风暴之后，我把接力棒交给了我的继任者，由他继续我们的任务。

我大胆地猜测，刚才这几分钟你一定很无聊。这是很正常的。就像我在前文说过的，大多数人不关心他人的私人生活——他们关心的是他人的经历与自己有何关联。

不过，让我们说得更精确一些。除了简短程度，我的两段叙述的最大差异是叙事学家所谓的"焦点"（focalization）——说话者或作者在讲述故事时采用的视角。刚才的大段叙述给出了一个内部视角：它凸显了我有何种感受，我为何行动，我在过程中的每一步如何应对。虽然我对自己工作的细节了如指掌，但它们必然是无形的：你看不到它们，甚至无法确定它们是否准确地反映了我的经历。你唯一能做的就是相信我的话。

另一方面，简历对同一段经历给出了一个外部视角。我迅速告诉你我最重要的成果，而且说明我是通过个人努力实现了这些成果。虽然简历的篇幅让我无法证明这些说法，但它们可以通过推荐信或共同联系人得到验证。因此，它们看上去是可行的——而且让人们相信，我的自我总结不是大言不惭。

你可能会想："等一下，你不是独自完成这些事的。你有一个团队在做这些事。你怎么能抢他们的功劳？"

这个批评是合理的——在一定程度上。与我共事的人们承担了委员会的大部分重任，没有他们，我连十分之一的效率都没有。但是简历的目标受众并不了解与我工作相关的组织或人员。他们看这份简历是为了了解我，看看我做过哪些事，希望了解我能为他们做什么。因此，我专注于这些可以归在我名下的成功，包括对小组事务的协调，以及在我的指导下取得的成果。鉴于我确实领导了委员会，这种混为一谈是无关紧要的——而且无论如何都符合简历的关键期望：抬高你的成就。

———

服务岗位往往能为你提供最相关的经验。它们让许多学者有机会发展领导技能，提出对策来应对困境，以及在与学术无关的事务上锻炼能力和积累知识。最重要的是，它们经常让你管理预算，这是一项对任何领域的人来说都显而易见——而且很有价值——的技能。无论你选择凸显自己经历中的哪些服务性角色，你只需要记住，用**外部视角**来讲述它们——让它们的相关性尽可能明显一些。

· 研究

你的日常研究活动或许是很难解释的。它们往往是高度专业化和重复的，而且在大多数外人看来不像一份工作。从事科学研究的人就幸运多了：非学术人士一听到"研究"一词，立马想到整天待在实验室的场景。其他人可能会想到为某个社会科学项目进行民意调查，或者以历史学家的身份挖掘档案。但这几个小小的场景几乎是大众想象的全部了。因此，你可能很难向不知情的人解释你如何度过了过去的五到十年。

我把"研究"分为两类活动。第一类是实验室、野外或图书馆的研究，以及用来完成这项工作的方法和工具。第二类是写作——对你的研究进行翻译，让人们无需你的帮助也能理解它们。

———

既然写作更容易分析，那我们就先讨论它吧。作为一名学者，你花了无数时间撰写研讨会发言稿、论文、文章、案例研究，甚至专著。无论你的学科采用何种形式进行学术研究，写作都要求你把复杂的想法变成准确无误的文字。

你可能会惊讶地发现，你有着把头脑中的想法变成文字所需的罕见的精确性。学术界之外的人往往用多个单词和短语来表达同一个概念。据我所知，职场人士特别喜欢关于战争、体育和赌博的隐喻——而且常常使用最先想到或对话中最后提及的隐喻。思想的完整性和精确性是很罕见的。[1]

当这种传递信息的方式成功时，它是卓有成效的，而且它在大多数情况下确实有效。但是，当它失败时，沟通就会陷入僵局，手头的工作也会停滞不前。我在工作过程中发现的常见误区包括：

1　关于对这一现象的更全面、更有趣的评价，可参见 Molly Young's "Garbage Language: Why Do Corporations Speak the Way They Do?", *Vulture*, February 20, 2020: https://www.vulture.com/2020/02/spread-of-corporate-speak.html.

· 对于有些语句，作者想的是一回事，但读
  起来是另一回事
· 提到某些生僻的事件、人物或文化习俗
· 使用陌生或令人费解的习语

　　学术写作者力求避免这些陷阱。我们或许往
往不够简洁，但我们受到的训练是写出能够传承
的准确文字。当业务往来日益转向网络，劳动力
日益全球化的时候，这项技能尤其宝贵。

　　你从多年的研究经验中获得的另一个属性
是快速地、一气呵成地应用"文体指南"（style
guide）的能力。这种一致性就像抛光剂，可以
让组织向外界展示其品牌的干净利落的形象——
而且它是写过论文或发表过文章的人很可能具备
的技能。这一特质对任何职位而言都很宝贵，尤
其是通信或营销行业中的"写作密集型"职位。

　　更广泛地说，你的学术研究经历而还证明你
能够规划一个长期项目，将其分成若干部分，用
最少的监管成本去成功执行它。虽然我在"教
学"一节中讨论过项目管理，但是这里还需要展
开说明一下。

　　你对学术研究的奉献无疑证明你是一个具有
强烈内驱力的、主动做事的人。毕竟，你的学术

生涯致力于发现学术研究的不足之处，找出解决棘手问题的办法。这种品质是你的一部分，它能让你应对任何情况。它也会让你脱颖而出：许多人满足于按照别人说的去做事，等到具体的指示才去行动。主动去填上明摆着的缺口、为上司减轻工作的人，往往能占得先机。

学术界同样倾向于搞清楚我们用来解决问题的工具是不是对的——或者我们可以去哪里找到更好的方法。事实上，这种能力是大卫·史蒂文斯所说的他在高等教育界之外任何地方学不到的东西。

大卫在普林斯顿大学的朋友们不只有像他一样的政治学者。他们研究控制论、人类学和经济学——他难以理解的各种奇怪学科。但这段经历对大卫的个人发展有重大影响。它让大卫了解不同领域的人如何思考和处理问题，让他察觉到自己知识的缺口，并且敏锐地意识到其他专业人士如何用他们的独特才能解决复杂的问题。

离开学术界后，大卫越来越发现这段经历的价值。他发现，许多商界和政界同事不喜欢在一群人面前被指出错误。这种反应在一定程度上是可以接受的：因为专业声誉取决于可信度，所以很多人担心那些会挑战自己地位的信息。不幸的是，这种担忧有时会走得太远，导致人们无视有效的反证或提出不够慎重的建议。

大卫习惯了各种不同的思维方式，因而他从不觉得需要拒绝新方法，并且总是知道如何找到有效或高效的方法来应对他面前的挑战。在这个结果为王的世界，这种开放心态成为他在市场上与众不同的力量来源。

虽然高等教育界人士都具有项目管理和相关的解决问题的技能，但是，如果你身处科学界，你在谈论你的经历时可能更有优势。因为你的研究往往需要多人团队——而且你可能直接监督几位助手——所以你可以把你的职责说成是**管理**，学术界之外的人一听就明白。

把你漫长的学生生涯变成一个积极因素也是可行的。在学术界，你花了好几年琢磨这些复杂、模糊、经常相互矛盾的信息——在专攻你的专业领域之前，你必须学习该领域中大量的通用知识。你刚开始并不熟悉这些主题，而且可能觉得一些主题无聊透顶。但这段经历凸显了一项重要的品质：你很擅长学习新课题，并且每天都在不知不觉中做这件事。

你是不是对这一点有所怀疑？我认识的每个研究生都有过这样的经历：对一些他们不得不在

短时间内学习的材料进行讨论。或许你曾被迫为
一个生病的同事讲授殖民时期美国的种族，或者
在校内面试（on-campus interview）中讲述美索
不达米亚的洪水神话。无论细节是怎样的，你都
必须钻研这个你不太了解的主题，掌握相关基础
知识，并在短时间内在公共讲台上发表连贯的
叙述。

在学术界之外，对这种技能的需求一直存
在，而能做好这件事的人一直稀缺。你应该为你
的快速学习能力感到自豪，并利用它在市场上
脱颖而出。只要某个懂行的人给你指出正确的方
向，你就能迅速"拿捏"竞争格局、客户的未来
机会，以及组织需要了解的任何其他情况。

————

那么你实际的专业领域呢？推销你的学术知
识和技能，是另一个你必须亲自付出努力的地
方。不过，我会提供一些提示，为你指出正确的
方向。

我们从最基本的定义开始。在本质上，"研
究"（research）是一个重复（re-）的过程，以
寻求有关某个问题的具体信息（-search）。这项
实践包含了两个不同任务：（1）以结构化和批判

性的方式分析数据；（2）评估关于该数据的各种思路的相对优势。虽然这些努力所产生的（可能的）突破得到了大部分关注，但它实际上只是一个副产品。毕竟，为了想出解决旧问题的新方法，你必须知道为什么之前的方案失败了。

不同领域进行这种评估的方式不同，正是它们采用的具体工具和方法把它们标记为不同的研究领域。正因为如此，我们把它们称为"学科"：从事特定领域的人习惯于按照既定标准开展工作。从这个角度看，人们就更容易理解学术研究了。即使学术界之外的大多数人不理解你研究的是**什么**，他们也可能明白你是**如何**开展工作的。

为了展示如何把最晦涩难懂的技能翻译成高等教育之外的说法，我以我的学术研究为例。作为学者，我使用的主要工具被称为"文献学"（即"对词语或理性的热爱"）。从本质上讲，这是一种通过仔细阅读和分析构成文学作品的语言来揭示文学作品主题的技术。文献学分析的过程是高度结构化的，需要你从多个层面看待一个文本：

（1）作者用了哪些词？作者如何在其他地方使用这些词？其他作者如何使用这

些词？

（2）词语如何组合成场景？这些场景在整部
　　作品中处于什么位置？文学领域的前人
　　或后辈笔下的类似场景是否影响了作者
　　试图传达的内容？

（3）作者的文化或历史语境是否隐含着其他
　　解读，或者隐含着不同于表面意思的潜
　　台词？

（4）这些词语、场景、共同点、语境、潜台
　　词如何推动或阻碍叙事的总体进展或
　　基调？

虽然大多数人对这类研究的内容并不感兴
趣，但十多年来所做的这类分析让我擅长处理书
面文字。我学会了考察语言如何影响其读者，以
及词语或词序的细微变化如何引起不同反应。在
这个过程中，我发展了一套词汇来准确描述各种
修辞手法。这种知识让我能解释为什么有些措辞
是强有力的，而另一些措辞则不合语法。最重要
的是，我可以把在学术界学到的文献学框架，运
用到任何以我看得懂的语言和文化撰写的作品
中。罗马史诗只是我用来打磨工具的磨刀石。

更简单地说，古典学训练我去评估和分解各

种雄辩的话语。经过十年的练习，这种习惯变成一种条件反射。在跟世界打交道的过程中，我总是关注语法错误，批评奇怪的措辞，并思考如何把它们变得更好。当广告效果不佳或电视脚本乏善可陈时，我会引以为戒——并且设法找出编剧的错误所在。

这些技能与战略传播的相关性应该是显而易见的。我知道如何快速分解语言，把它改写得更简单、更有效。我考虑的不光是词语的意思，还有它们在更大语境下的位置，以及目标受众可能会如何看待它们。这项技能让我能用财务主管听得懂的词语来说明一项新技术的好处，或者告诉营销主管不同的会计分类账如何把时间省下来做更有价值的工作。简而言之，我就像个大翻译家，可以把一个组织的优势传达给各种受众。

你可别误解了：像上文这样清晰地描述我的学术技能可不是简单的事。我花了两年的时间反复试错，才做到这一点，并且找到一份工作。即使到了今天，每次提到我的学术经历，我都得费一番力气才能说清楚。不过，你不需要做到十全十美。只要能举出一个合理的案例，证明你的研究技能在实验室或图书馆之外照样是有趣和相关的，总会有招聘经理看好你的。

如果你想比我更快地做到这一点，请注意一些细节。首先，你**如何做研究**，与你研究了**哪些**细节，二者要截然分开。我的学术工作让我学会从微小的细节迅速跳到全局——或者用古代世界的比喻来说，同时看到马赛克和整块瓷砖。虽然我在研究古典学时没有意识到这一点，但这种技能是极其罕见的：如今与我共事的许多专业人士只能看到其中一面。

这里的风险在于，如果我告诉非学术人士的第一件事是我研究的是关于罗马内战的诗，那么我就不会有机会证明我可以同时看到两个方面。如果我深入地谈论我多年来试图搞懂的文字、人物和古代哲学，情况只会变得更糟。这类对话会疏远他人。与此相反，你应该用最宽泛、最基础的词汇来解释你的研究方法——说明你使用的方法和工具如何产生有意义的见解。

其次，在如何推销自己这一点上要讲究策略。在坐下来和他人会面之前，你要有理有据地猜测一下他们在乎哪些技能，尝试用能引起共鸣的词语来描绘你的经历。我直到把求职范围缩小到传播领域才完善自己的信息，因为我认为传播领域的招聘者看重的是我对读者和语言的敏感性。虽然在申请其他工作或在学术界申请奖学金时，我可能不会突出这些特定技能，但这些技能对我的目标受众来说是有效的选择。

你不能指望一下子就能很好地翻译自己的研究经历。你应该逐一考察自己在这一领域的每项技能，练习在信息访谈中描述它们，不断完善对它们的描述，直到能说服他人。一旦有了足够的时间、充分的润色，你讲述的关于自己的研究经历的故事肯定会脱颖而出。

简历模板

现在，让我们看看上述建议结合在一起会是什么样子。以下简历来自一位人类学博士，由于当前工作的敏感性，他要求匿名。尊重他的要求，我叫他"泰勒"，并用一些稍显俏皮的名称来指代他的雇主、学校和出版物。除此之外，简历还反映了他的成就，以及他对这些成就的描述：

这份简历的效果很好，因为它用与网页相似的平滑、现代的布局讲述了一个简单的故事。由于大多数人都从网上获取信息，所以这种布局让人感觉熟悉且容易消化。

不过，细节方面呢？我们先看吸引眼球的地

泰勒·斯洛德，博士

用每一天的洞见提升影响力

经历

用户体验研究员，宏软（Macrosoft）
2019 年 1 月—至今

- 通过对内部研究和外部研究的考察，为 Poly-Product（产品名）确定新的关键用户旅程
- 根据可用性研究、远程研究、咖啡馆研究，为新的 PolyProduct 评估制定标准和协议
- 为利益各方开展建立同理心的练习，为基础性的 PolyProduct 研究进行民族志式的入户调研
- 评估 PolyProduct 企业平台的新指标

博士后研究员，加州大学西科维纳分校
2018 年 9 月—2018 年 12 月

- 导演了一部 10 分钟的民族志影片，讲述了布宜诺斯艾利斯一个家庭与鸟类和死亡的关系
- 完成《猎鸽者》初稿，撰写了一篇关于阿根廷观鸟者的特邀文章

博士后研究员，阿根廷国立大学
2016 年 9 月—2018 年 8 月

- 教授研究方法；发表了一篇关于阿根廷金融街观鸟者的论文；撰写了一篇关于阿根廷观鸟者为何拒绝使用望远镜的获奖论文

研究学者，斯坦福大学
2010 年 9 月—2016 年 9 月

- 完成论文答辩，论文基于 24 个月的田野调查，主题是新兴的阿根廷鸟类保护者如何应对气候变化带来的实践与心理方面的挑战

教育

斯坦福大学，帕洛阿尔托，加利福尼亚州
社会文化人类学博士
2010 年 9 月—2016 年 9 月

托马斯·杰斐逊学院，华盛顿，哥伦比亚特区
拉美研究学士
2005 年 9 月—2009 年 5 月

技能

民族志研究
入户调查
国际研究
研究设计
提案写作
公开演讲
视频编辑
可用性检验
拦截式调查
做调研
文献综述

发表作品

《猎鸽者：一项民族志研究》（海雀出版社，2019）
"消失的鹦鹉"（2018）
"鸟类暴力"（2018）
"在特定时期观鸟"（2017）
"有羽毛的朋友"（2017）

语言技能

英语（母语）
西班牙语（流利）
葡萄牙语（交谈）

联系方式

taylor.sloed@jeemail.com
555.867.5309

方：姓名。特大的字号让它从一叠文件中脱颖而出——而且吸引你阅读下面那行小字。这个简短的句子凝练了许多东西。它说明泰勒擅长观察周围世界，而且有兴趣根据这些观察迅速解决实际问题。

讲述目前职位（科技行业的一个临时职位）的四个条目也很精彩。它们展现了在多种情况下进行研究的经历，以及向其他人传授观察方法的能力。虽然没有一项"成就"能说明泰勒在这些任务中的效率如何，但是这段自我总结证明他可以在非学术环境中完成这些任务。这种能力是至关重要的：不管是不是恰当，有些人总是质疑博士能不能"适应"非学术机构。

我知道大多数人没法在一家顶尖的科技公司找到一份兼职工作，并以此作为积累经验的主要方式。即便如此，本节内容仍可作为一个模型，让你知道如何谈论让你学到你想从事的职业所需的技能的服务经历或志愿角色。

泰勒对各项学术职位的安排也很巧妙。他在每个职位下面只列出一两个条目，把重点放在任何人都看得懂的成就上：导演一部影片，完成一本书的写作，写一篇获奖论文。他没有隐瞒他是作为研究生、博士后或教授开展这些项目的——

但他避免采用学术写作的行话。泰勒还明确区分了他在高等教育界的工作与他要找的新职位所需的技能（注意简历中的"实践""研究""金融""民族志""气候"等词语）。最重要的是，这些属性中的每一个都表明泰勒践行了他简历中那行标语：用每一天的洞见提升影响力。

泰勒把其他细节——如教育、语言技能、联系方式——放在一边。虽然这些次要的信息可能会为泰勒的形象增添色彩，但它们无法让泰勒被录取。把更好的位置留给它们只会浪费读者有限的注意力。

你还应该留意这份简历便于阅读的审美样式。泰勒用大字号来突出每部分的标题，用略有不同的字体来表示姓名、经历、教育职位、正文，从而构成了清晰的信息层级。与此同时，文档的两栏设计可以区分较长的描述和较短的措辞。这种布局使得后一部分不需要使用条目的版式，创造了许多空白位置，让页面不会显得拥挤。总的来说，这些特点让读者可以轻松浏览页面并找到他们想要的信息。

如今，大多数简历是在电脑或手机上查看而非打印出来的，这就使得设计有了更多的可能性。例如，你可以用一个简单的强调色，让读者更快地看到关键部分（姓名、主标题），用超链接引导读者查看你发表的作品，而不用写它们的发表日期和地点。

最终，泰勒的布局方式对即将离开学术界的人来说非常有效。注意"经历"部分和"技能"部分是基本持平的。你读完对泰勒目前职位的描述，这一行留白立马把你的目光吸引到"技能"部分。在这一部分，你不仅看到他认为自己擅长的东西：你看到的各个关键词是聚焦于业务的，而且有可能出现在某个职位的必要属性列表中。这份简历的出色之处在于：许多招聘经理此时已经决定安排面试——而他们甚至不在乎泰勒的一大半职业生涯都是在学术界度过这一事实。

简而言之，对于你以及与你有着相似处境的人而言，这份简历是一个值得借鉴的模板——并且也是我成功地找到教授之外的工作后依然采用的简历格式。

结论

本章为你提供了一些工具，可以向非学术人士解释为什么你的学位是值得为之努力的。事实上，重新构思自己的经历是改行过程中必不可少的一步：因为你无法隐瞒自己花在高等教育上的时间，所以你必须能对此作出解释。一旦你能轻松自如地把你的技能传达给新的受众——而且持续地、巧妙地做到这一点——你就知道接下来该把注意力转移到那些需要更多实践的活动上：在你已经拥有的优势之外发展新的优势。

行动细则

（1）在你的职业日志中写一个不超过三句话的条目：概述你的优势和兴趣。每星期修改一次，直到完成对你的职业价值的一句话陈述。

（2）写一份简历草稿，把你的经历翻译成你感兴趣的领域的人看得懂的语句。

（3）联系那些你在信息访谈中认识的联系人，让他们评判你的第一份简历草稿。

第 5 章　发展期

　　在寻找课堂之外的工作的第一年里，我把重点放在学院的行政职位上。如此彻底地限制我的求职范围是一个错误。虽然我乐意从事学院的行政工作，但放弃寻找已知行业之外的工作大大延长了我的求职时间。

　　但是，当时我依然坚持在高等教育领域工作的想法，而且我（错误地）认为我可以更容易投身这一领域而非商业或政府领域。只有在寻求招生、晋升、服务研习（service learning）等工作无果之后，我才开始打听象牙塔外有哪些工作机会。

　　当我直面新世界的阳光时，我震惊于它的广阔和我的渺小。新奥尔良的两家精品咨询公司把员工的履历放在它们的网站上。每个人都有一大串职业成就、做慈善的经历、领导力论坛，以及从音乐到体育的各种爱好。这些专业人士什么都会做——而且也擅长做这些事。我立刻就能看到我的简历，他人同样可以看到我的简历。我引以为豪的成就变得不值一提。

当时，我瞬间回忆起一年前和丹·波特菲尔德的谈话。我意识到自己只采纳了他的部分建议。学院内的信息访谈和服务性角色教会了我很多东西。但是，由于我尽可能地死守在这个世界，我推迟了一个同样重要的任务：做些实际的事来重塑自己。

直面简历的缺陷

找工作不只是把学术产品卖给非学术界的买家。你需要向雇主证明，你拥有可以为他所用的具体技能——或者至少你可以很快学会这些技能。对大多数学者来说，说服他人意味着投入时间和精力，把自己培养成更有吸引力的人选。

你现在已经有条件很好地做到这一点了。在进行信息访谈和把学术技能翻译给新受众之后，你应该知道，相对于你想从事的职位上的那些人，你的简历的缺陷在哪里；还应该了解哪些角色可以帮你弥补这些缺陷——而且知道如何与那些能让你得到新机会的人交谈。接下来要做的，就是行动起来。

只要把重点放在技能的发展上，你就可以提出对改行的这一阶段至关重要的三个问题：

（1）你想讲述的关于自己的故事是什么？

（2）讲述这个故事所需的经历从何而来？

（3）你如何凭借这个故事找到一份新工作？

在离开学术界的过程中，这一阶段无疑是最难的。为了发展新的技能，你可能不得不屈居于在你看来大材小用的职位，甚至听命于你的晚辈。不要让你的自我挡在成功的路上。相反，要接受你不再是行业翘楚的事实，并且直面学习新技能和新领域的知识的挑战。最重要的是，请记住这个阶段的旅程是暂时的：一旦在新领域积累了基本的经验，你的进步可能会比现在想象的快得多。

培养技能，积累经验

在短时间内丰富简历有四种实用的方法：在线学习、职业培训、志愿服务、兼职工作。

先说说在线学习。在当今世界，自学基本概念和工具软件并不难。网上有大量的教程、DIY 视频和培训课程，它们几乎都是免费的，你可以按自己的规划来学习。如果你觉得想要的那份工作要求自己学会某件事，那么你就应该开始学习它。

工作效率软件（productivity software）是一个很好的出发点。微软公司的 PowerPoint 和 Excel 普遍被应用于各个专业领域，是共享信息的首选方法。你至少要知道如何创建新文件和掌握基本格式。人们认为这些知识是理所当然的，你肯定不希望刚从事新工作就拿这种简单的事去拜托同事们。

你还要知道除了基础功能还有哪些可能性。作为一名学者，我使用 Word 写作了十多年，自以为对它了如指掌。直到从事目前这份工作后，我才知道"格式刷""Shift+F3"和"自定义样式"。[1] 如果不是自以为精通而停止了学习，这些功能本可以在编辑我的论文时为我节省好几天的

1　"格式刷"可以拷贝高亮文本的格式，把该格式"刷"到其他文本上，省去了重复操作修改。"Shift+F3"可以让高亮文本在全部小写、标题大写、首字母大写、全部大写之间切换。"自定义样式"让你可以自己设置文本的格式，比如主副本、主标题、副标题、引文等。

精力。你千万别犯同样的错误：在网络上花 20 分钟学习可以节省 20 小时的精力。

根据你目前的技能和兴趣，你也可以学习其他软件。艺术史学家可以练习 Adobe 创意应用软件包（Adobe Creative Suite），而地质学家或考古学家可以专注于 GIS 制图。事实上，在最初将 GIS 制图技能用于河床研究后，这项技能帮我一个朋友找到了国家林业部门的工作。只要你去学习某个可能与非学术工作相关的程序，掌握它的高级功能对你会有好处。

这个建议不是说你应该只积累你已经拥有的技能。相反，我只是建议要由易到难。如果某个新的程序或方法对你有用，一定要去学习它。

职业培训是发展新知识或技能的另一个方法，但各种课程在质量和成本上可能差别很大。一般来说，我只会把钱花在某个熟悉的联系人所说的与我想要的工作相关的课程之上。四位数的价格可能过高了，除非这门课程能获得的证书是你追求的领域的敲门砖。记得查看某个课程的评分，并且先看看有没有免费的替代品：有些职业培训学校就是个骗局，你肯定不想落入让自己陷入财务困境的陷阱。

特别值得一提的一类培训是项目管理。在

第 4 章中，我讨论了许多学者如何在攻读博士学位期间磨炼他们管理人员和工作产品的能力。如果你有兴趣把这种工作变成一份职业，你可以通过获得"项目管理专家"（PMP）或"敏捷教练认证"（CSM）等公认的证书来更有力地实现这一点。

就像我现在的一位同事说的，希望在处理复杂工作时有更高程度的秩序和一致性的机构，都很重视"项目管理专家"证书。如果你有资格申请，有兴趣领导大型团队，那么该课程可能值得投资。"敏捷教练认证"指的是接受过专门培训的项目经理，负责监督软件开发——一个日渐壮大的领域。对于想从事技术工作但不懂编程语言的人，该证书可以提供一个切入点：最新的"敏捷教练认证"标准不要求编程语言。相反，这一证书只是说明你熟悉主要流程，能够让项目满足时间和预算的要求。

无论你考虑的是上述证书之一还是其他正式培训，你都应该用领英来确定你想从事的工作的敲门砖是什么，并且依靠你的人际网络考虑该付出何种努力。

在大学工作或学习的人，可能还有一种获得职业培训的方式。许多学院依然向全职职工提供学费减免福利，研究生也有资格上其他院系的课程。通常，你可以在商业、公共管理甚至法律等领域找到能学习新职业所需的关键技能的课程列表。继续教育学校也是一个不错的去处。它们喜欢把课程安排在晚上——而且你不会是唯一一个非传统年龄的学生。

我在杜兰大学的最后一年很好地利用了这一优势。为了熟悉基本的商业概念，我注册了统计、金融、管理和商业法的课程。除了书本的费用，这段学习经历没有花一分钱。它还有一个额外的好处。在浏览杜兰大学生涯规划学院的要求时，我发现我有资格获得管理学证书。获得这一证书让我的能力有了大学的背书，也让招聘经理知道，对于改行我是认真的。

如果说投入额外培训的时间让我有什么遗憾的话，那就是我当时认为自己只能上入门级的本科课程。事实上，专业研究（professional studies）的研究生课程并不期望学生像文科和理科学生那样深入了解课程内容。如果你想注册一门不熟悉的学科的高级课程，你只需要像对待其他网络联系人那样给教授发电子邮件。你只要说明你的情况、上他的课的原因，并请求与他当面聊聊就你的情况而言是否需要上这门课。

志愿服务是获得新技能和知识的另一条途径。最开始，可以找一个在你的社区备受欢迎的慈善机构，给执行董事或项目负责人发电子邮件以表示对他们使命的支持。要直截了当一点：告诉他们你正在提升你的简历以便能改行，问他们你能否协助某个具备你想培养的特定技能的人。服务内容可能是协助他们的记账员和学习管理账目，也可能是联系捐赠者以追踪筹款线索。哪怕只是负责更新网站或运营脸书账号，对他们和你都是大有裨益的：他们可以放心地专注于对其核心使命更重要的工作，而你将获得数字营销的经验。

别以为志愿服务必须花费大量时间才有所回报。我在找新工作的过程中参加了两个慈善机构，一个每月花费两小时，另一个每月花费五小时左右。这段经历对我的日程来说完全不是负担。但是，它让我可以在简历中加上两行，而且获得了财务战略、筹款和项目开发的实际经历。我也很高兴自己能在这个过程中帮助我的社区——而且我今天依然在其中一个机构服务。

本节最后考察的是兼职工作。这种经历是特别有价值的，因为它明确说明可以在象牙塔之外取得成功。不过，不是所有工作都有同样的效果。你必须确保，你担任的职位所积累的技能或知识是你期望的职业所需的。做家教或帮人遛狗能赚钱，但它们妨碍你花时间为新职业做准备。**请记住：打杂工作的机会成本是很高的。**

我很幸运。开了一家小型 IT 公司的朋友雇用我在报税前整理他的账务、创建一个网站，并且开展营销活动吸引新客户。虽然我没有涉足过这些领域，但他猜测我可以做好——而且知道我能接受比老手更低的时薪。一番劝说后，我打消了疑虑，答应了他。接下来六个月很顺利：我深入了解了他的技术工作是做什么的，学会了如何在市场上众多公司中定位他的公司。

你不需要认识某个公司老板才能涉足新领域：虽然有许多缺点，但零工经济（gig economy）很适合你的情况。每天，公司都需要有人帮忙进行编辑、演示文稿设计、视频制作等工作——这些是它们不想长期雇用一名专家的领域。它们在自己的网页上，在一些网站（例如 Craigslist、Upwork 和 Guru 等）上发布这些工作的列表。这些网站就像是招聘专业工作的"优步"（Uber）。如果看到一项想尝试的工作，你可以注册一个账号并为该工作报价。这种做法毫无风险地创造了一套可以向雇主展示的作品集，说明你是可以在非学术环境中有所成就的有魄力的人。

个人的创造性活动是兼职工作很好的补充。即使照片网站或博客没有产生任何收入，你创造的内容也会磨炼你的技能，培养你的兴趣——并且把它们展示给更多的人。

伊丽莎白·塞格兰在离开学术界的头几个月里学到了这一点。在找新工作的同时，她决定用一些空闲时间制作果酱。因为网上关于制作过程的内容很少，所以伊丽莎白建了一个网站来讨论技术和点评成品。这个尝试成功了：人们开始点赞她的帖子，评论她的食谱，征求她的建议。她很快就成了网上的一个新人物，甚至受邀为旧金山的一个美食节点评果酱。是不是很讽刺？**伊丽莎白甚至不是很在乎果酱**。她只是让这个副业顺其自然地发展。

虽然这个故事看上去很离谱，但伊丽莎白从她的果酱博客中学到了很多东西。她不得不设计自己的网站，研究搜索引擎的优化（让你的网站在各搜索引擎上排名第一的艺术），管理社交媒体的形象，处理与成为**某领域**的网络专家有关的其他议题。简而言之，这些技能是伊丽莎白后来从事新闻业的敲门砖。这条道路虽然是曲折的，但最终让她如愿以偿地成为领先的商业出版物

《快公司》的作家。

我对个人的创造性活动的投资也得到了回报。2017 年初开始的六个月左右，我开设了一个博客讨论临时教职工的议题，以及记录我的改行过程。最重要的是，这个平台给我提供了一个地方，可以**谈论我的感受**、整理我的想法，练习以不受正式学术限制的口语风格写作。虽然我希望人们觉得我的思考是有用的，但是我从不期待它们有多大作用。

结果，在我做这件事的过程中，两个机构考虑给我一份工作，而且都要求我完成一项写作练习，作为我的申请的一部分。这两个机会在两个星期内相继出现在我的办公桌上，而且都要我提供与以前创作的不同类型的范本。如果是一年前，我可能会被这种挑战吓到——即便是在 2017 年遭遇这种挑战，我可能也会一筹莫展。

但是，我没有被焦虑打败。恰恰相反，撰写博客、为朋友的 IT 公司完善网站的经历，让写作练习变得轻而易举。我甚至开始**喜欢**用（我当时已经得心应手的）平实简洁的演讲来说服我想象中的听众。这种感觉既体现了我的技能，也显示了我的轻松自如：两个机构面试时都夸奖了我的写作范本。

找兼职工作的最后一条途径是求助于临时工中介机构。虽然这一策略可能是有效的，但它需要一种与上述方法截然不同的方法。临时工中介机构的工作几乎不会教你有用的技能。不过，它是进入你想全职为之工作的公司的一种方式。这些工作大部分让你觉得大材小用，而且它们大部分确实是大材小用。但是，只要你进了这个机构，你就有机会打动那些能看到你潜力的人。因为大部分临时工都是乏善可陈的，所以让人刮目相看不是一件难事。你可以找到担任领导职务的人，在他们面前积极表现，竭尽所能让他们相信你是个人才。

采用这一策略要注意两点：首先，临时工的机会成本很高。如果这份工作无法帮助你获得更好的职位，就赶紧辞掉它——即使只干了一天。其次，公司的实力和它对员工的支持系统是至关重要的。你要调查你想去的任何一个机构，优先考虑为员工提供自主培训和优惠待遇的成熟企业。虽然临时工没有资格享受这些待遇，但如果你说服某人雇用你担任长期职位，它们将成为你晋升的途径。

临时工作不适合胆小的人。它需要谦虚、魄力和努力。事实上，当一个网络联系人告诉我她在职业生涯的早期曾做过临时工时，我的自尊心让我无法考虑它。但是，前学者们**已经**用上了这种策略。例如，大卫·恩格尔利用它从录入数据的小隔间走向了富国咨询的常务董事办公室。

在上述关于积累新经验的讨论中，我没有提到攻读新的学位。如果你明确知道下一步该做什么，那么这条路可能是一个选择。但是，用教育来摆脱教育造成的困境，在我看来不是一个成功的策略。无论如何，专攻法律或医学将需要专门的专业指导，这超出了本书的范围。

把时间留给新的活动

你可能会想，"慢着，我都没时间干现在的工作。我怎么进行信息访谈，怎么去做新的活动？"我的俏皮回答是，你现在正处于学者生涯的"毕业前夕"（senior spring）。说得更直白一点：你必须把学术奉献放在次要位置，以便积累新职业所需的知识和技能。

商业领域的一个常见概念是"二八定律"。这个定律认为，前80%的效果来自理论上完成项目所需的前20%的努力。从"良好"到"杰出"再到"完美"，每一步都要成倍地投入时间、金钱和劳动。**如果你已经决定离开学术界，那么把 80% 的效果和 20% 的努力放在这个领域就足够了。**

你的学术经历可能会使这种转变比看上去更容易。在杜兰大学的最后一年，由于我经常教罗马历史，以至于几乎可以不用备课。讲义写好了，课件做好了，教课要点也完善了。我本可以重读每一份原始文献，对我的材料进行微调——这样无疑会让课程变得更好。但是，就像咨询师们喜欢说的，这是事倍功半。因此，我简化了书面作业，这让打分和讲课变得更容易，以及不用费心思考我们如何了解每一个细节。

我同样开始减少我的学术研究。当时，我紧跟学术动态，修改我想发表的一篇文章，而且在为一个未来的项目做调查。这些活动已经成了习惯：把不上课的时间转化为"有效"的学术产出。但是，我开始发现，我花在这些活动上的每分钟或每小时，都让我无法从事兼职工作、撰写博客，或者与我不知道的行业的从业者进行信息访谈。虽然它们每一项都不是什么大的投入，但它们加起来占了我的总体生产力的一大部分。停止这些活动让我可以积累那些更有助于改行的新经验。

在减少学术奉献时，要避免行为举止上的明显失职。缺席教学或实验既是不负责的，也是不道德的，对同事和学生而言更是残忍的。我的建议是减少这类活动，而不是**取消**它们。我决定简化我在罗马史方面的工作之后，我没有看到学生的课堂反应或考试得分有任何质的变化。事实上，那个学期我收到的评价比以前更好。我希望你也追求这种平衡。

你或许会担心自己所在的大学不会容忍你只付出 20% 的努力。但你要记住，你没有必要大肆宣扬你这种新的心态——而且很少有人会注意到任何变化。最坏的结果是，有人指责你并想要开除你。但这又如何呢？你已经打算离开这份工作了，他们也不太可能在学期的半途很快找到人替代你。比起从学术活动中节省时间带来的回报，这种风险是微不足道的。

积累经验的策略

虽然从学术活动中抽出身来会让你的时间更加充裕，但是它不是无限的。你成功速度的快慢，要看你是否学会了对你最有利的技能和题材。因此，在开始积累经验时要有一套计划。你可以采用两种主要方法：要么专注于培养一项技能，要么展开多方面的学习。

如果"探索期"已经让你确切无疑地知道自己想从事哪个行业，那么你最好一心一意，培养所需要的相关技能。即使不得不把时间都用来学习 Excel 和 QuickBooks，你也要坚持下去。搭配你的学术背景，这些新技能可能足以让你受到关注——或者至少让招聘人员相信，你有心从事他们的领域。

还不确定想从事什么工作的人，可以追求更多样化的经验。把鸡蛋放在多个篮子里可以让你同时培养各种技能，找出适合你的那类工作。

我采用的是后一种策略。意识到我在新奥尔良市场上与他人相比处于劣势之后，我几乎对每个到手的机会来者不拒。我注册了夜校课程，加入了一个非营利组织的委员会。我有两个星期的时间为一个课后项目担任家教。我甚至召集了一个由其他学科的临时教职工委员会主席组成的团体。这些工作是在教杜兰大学的三门课程、管理古典学研究协会的临时教职工委员会，以及与同城的人进行信息访谈之余进行的。同时，我还在积极地申请工作。

光是列出所有活动就已经很费力了——我必须承认，这些活动让我筋疲力尽。但是，它们让我的简历多了六行内容，每一行都体现了一项新的技能或成果。事实上，我在这么短的时间内积累了如此多的经验，以至于可以把客座助理教授放在职位列表的第三行。这些疯狂的活动也给我留下了许多事例，当招聘经理不确定我能否适应新环境时，我便可以用这些故事打消他的疑虑。

频繁地切换各种角色也让我学会适应变化。在这个过程结束之前，我从未想过从写作和教学跳到税务和账目，从网站跳到关于捐赠或甜甜圈的广告。我也没想过这些疯狂的活动是在训练我应对未来的生活：我现在这份工作几乎不可能给我在某项任务上全神贯注 30 分钟的时间。

培养新的技能——哪怕是通过兼职工作来培养——还有一个好处：它能让你接触到从事你未来想做的活动的人。一旦你认识了这些专业人士，他们就不再是过着奇怪生活的异类了。你会发现，他们是和你一样有着优点和缺点的人，而且大多数人很乐意听听你的观点。这种亲近感会很快让你们成为同事和朋友——这样一来，你不再认为你是从学术界闯入他们的地盘。你会认为自己是他们的一分子。

一整年的时间里，我抓住一切机会来积累新的技能和知识。在这之后，经验和熟练终于结合在一起。我一直观望的公司发布了一个有趣的职位，我马上修改简历，让它贴合该公司的文化。在浏览该公司员工在网上的介绍时，我发现了一个惊人的事实：这些人正是我刚开始寻找非学术工作时自叹不如的人。虽然我依然知道我的职业经历和他们有差距，但这种差距没有 12 个月前那么明显。

我在那一刻发现，我已经成功地把自己塑造成我想成为的那种候选人。我通过在商业和非营利机构的工作积累了一系列技能——并且可以轻松自如地与我想要共事的人进行交流。从那之后，我可以放心地缩小我的关注范围。我保留了一些我认为特别有意义的活动，除此之外，我只关注有助于我从事传播战略工作的机会。

塑造公共形象

想得到一份工作，你必须让雇主相信，你给他们带来的价值比他们付给你的酬劳更多。这个道理适用于任何企业、非营利组织或政府机构。因此，你的成功要看你能否成为"自己的推销员"。

有人受到营销行业的启发，把这项活动说成是树立个人品牌。无论你如何看待这个比喻，它背后的想法是没错的。它的意思不过是，你应该用一种引人注目和令人难忘的方式介绍你自己，而且在人们有可能看到你的任何地方保持这种方式。在数字时代，你要特别关注两个地方：社交媒体和个人网站。

虽然这么做有点多此一举，但是我要指出，脸书是给朋友看的。上面的信息往往是个人的——可能有一些年轻时的照片，那时我们的行为可能不像今天这样表现得像个职业人士。即使你觉得你的资料无伤大雅，也要把它锁起来。你可以把资料调整为私密状态，只允许朋友访问它，以避免雇主看到里面的内容。以防万一，最好删掉标记你在酒吧醉倒或有任何越轨行径的旧照片。虽然我们很多人都有过**这样的**时刻，但你的求职过程就像一场"闪电宣传"（publicity blitz）：你要控制人们看到的东西。

这一建议也适用于推特等本书出版时已经存在的各种社交平台。一个很好的评判标准是我的研究生院院长给每一位新助教的指令："在你说任何事或做任何事之前，扪心自问你想不想让你的母亲第二天一早在报纸头版看到。"在数字时代，听从这一建议意味着把你的社交媒体资料设为"私密状态"，让**每个**帖子具有专业性，免得它被更多受众看到。

领英是一个特例。在这个平台上，最好把你的个人资料视为对你的职业生涯的数字简介。你希望它是公开的——而且是尽量完整的。在修改我的领英资料时，我试着想象自己身处一场面试，必须用 20 秒说明我是谁、我如何带来价值、我是做什么的。从这个角度看，领英类似于你在论文答辩时学会的"电梯游说"：它是一个简短的、精练的职业生涯介绍，目的是让读到或听到它的人产生兴趣。

如果你还没有注册领英，那不如今天就注册一个。如果你没有积极维护你的个人资料，那就把它设置为公开，并保持更新。尽量让这个页面反映出你简历上的信息，等缩小求职范围、完善自我介绍之后，再及时更新这个页面和简历。

你也可以考虑建一个个人网站。这是一种表现你对你的职业形象的关注的事半功倍的做法。有些免费的服务（例如 Squarespace

和 WordPress）都是很棒的，而且不需要任何HTML 知识（对 HTML 的恐惧让我迟迟不敢建一个网站，而且也说明我的年龄落伍了）。只要花几个小时，你就能学会该平台，布局你的网站，编写你想要展示的任何信息（即文本）。

如果你还有多余的钱，你甚至可以买一个自定义的 URL。虽然不同服务器的费用不同，但是以 ".com" 结尾的域名通常一年不到 25 美元。虽然这么做可能一无所获，但我乐意花这笔钱告诉人们可以访问 www.christophercaterine.com 这一网址。

我的个人网站在我改行的过程中起到了多重作用。它既是我练习非学术写作的博客，又让我能表现自己的个人和专业兴趣，还提供了一个展示我的知识和成果的平台。虽然网站的内容在我离开高等教育界后的几年里有所变化，但最初的内容是我的个人背景、临时教职工议题、家酿啤酒和古典学研究。

除非你找的是平面设计工作，一般来说，你的职业形象说服他人给你面试机会的主要因素不太可能是你的网站。但它可以让天平向你倾斜。通过在各个平台上始终一贯地展示自己，你可以让他人相信你就是你口中的样子，而且不会夸大自己的求职申请以得到这份工作。同样，通过展示你在写作、摄影或任何其他方面的才能和知识，人们会更容易进一步了解你——并且让他们更有可能愿意和你多聊聊。

无论你决定采用什么公共平台，你都要**保持积极主动**。我知道学者们喜欢在互相抱怨中进行交往，但是当你试图进入新的行业，互联网可不是抱怨的地方。

如果潜在雇主读到你嘲笑学生、感叹在工作中遭受不公正的帖子，他们不太可能感同身受。恰恰相反，他们会担心你同样如此议论**他们**。到这个地步，你说的现象是否确有其事已经不重要了：你看起来就像个累赘。招聘经理会考虑下一位人选，你则会继续没工作。

这一建议不是说，你不能指出别人做得不对的地方。相反，我是想提醒你，对于你写下来放在网上公之于众的那些批评，应该三思而后行。正在改行的你本来就进退两难；不要因为在网上发泄而增加风险。如果想要抱怨，试着在现实世界的安全空间里抱怨。

寻找空缺的职位

人们很容易认为申请工作是一场数字游戏。虽然你肯定想广撒网，但盲目出击几乎只会一无所获。

学者们经常犯这个错误——曹薇也是这个错误的受害者。刚开始申请工作时，她把她的简历可能符合的岗位投了个遍。她不理解——至少在一开始不理解——为什么自己没有收到任何回复。

曹薇比我勇敢：她保留了这些求职申请，时不时地回头看看自己写了什么。这个做法让我意识到，她总是不知道如何解读某份工作的任职要求。例如，你可能觉得，作为一名教师，你显然是某个非营利组织正需要的具有"出色沟通技巧"的人。但是，如果你不知道这个措辞在该组织的语境中是什么意思，你在介绍自己的具体才能时结果可能会适得其反。

因此，许多学者不知不觉中申请了完全不符合要求的工作。就像曹薇学到的惨痛教训，这种无知很容易浪费大把时间。好消息是，如果用上文推荐的那些方式展开探索，你应该能更好地避免这种陷阱。

在寻找空缺职位的过程中可以使用多种资源。我已经提到过领英，雇主越来越多地用这个平台发布职位，所以最好定期查看它。你可以用头衔、技能、薪水、地点和各种其他条件来筛选空缺职位。你只要记住保持个人资料的更新：有些公司招聘可以通过平台进行申请，向招聘人员发送一个链接，跳转到你在领英上的公开页面。

大多数组织也会在它们的网站上开辟一个版块，展示空缺职位。如果你确定自己想为特定的公司、非营利组织或政府部门工作，那就每月查看一次它们的招聘信息。如果这个网站是该公司发布招聘的唯一平台，那就每周查看一次。在学术界之外，许多岗位是在招聘经理确定合适的人选后就截止了——而不会等到申请期限结束。

另一些更大的招聘网站（例如 Indeed.com 和 Monster.com，我写作本书时美国最受欢迎的两个网站）和领英一样，它们有一连串搜索条件，可以找到满足你需求的职位，并且某些情况下可以直接在网站上进行申请。不幸的是，很少有学者以这种方式获得面试。因为这些网站会自动筛选申请者的具体技能和经验，所以你的简历可能永远不会被真人经手。虽然你依然可以定期查看它们以寻找"完美契合"的职位，但是除此之外，你也应该把它们视为确定合适的职位、罗列你的理想职位所需技能的一种方式（如第3章所说的）。

本地的招聘网站常常更有用——我在这类网站上运气更好。在这类网站上招聘空缺职位的机构通常更小，而且不太纠结应聘者的职业背景与职位的相关程度。它们也往往有明确的使命要雇用本地社群的人士，如果你住的地方就是你想工作的地方，这一点对你很有利。

你还可以参加你任职的学校的招聘会，或者参加你就读过的学校举办的社交活动。在这些场合与人会面可以绕过那些阻拦非传统申请者的虚拟"门禁"。你可以把自己的简历直接交给招聘者，他可以把简历转交给相应的部门。你只需要把"推销"做到位。因为你是一个不寻常的人选，所以你必须明确自己能带给组织的价值——而且针对它们招聘的岗位提出巧妙的问题。

还有一些项目旨在把具有高级学位的人吸纳到关键领域中。例如，美国总统管理奖学金（American Presidential Management Fellowship）让最近的硕士和博士毕业生可以接触到行政部门的空缺职位。许多政府机构也有内部举措来培训高等人才从事极其重要的工作。又例如，联邦调查局考虑让博士参加它的特工项目，只要应聘者能满足岗位的身体素质要求。一位申请了联邦调查局工作的朋友说，这是他遇到的**唯一**不质疑他的人文博士学位优势的雇主。这一事件不是孤例，也曾有人鼓励我用我的聪明才智来为国家服务。

寻找新职位的最后一个方法是借助猎头。公司雇用这些专业人士，让他们找到具有出众才能的人来担任空缺职位。这种做法对你来说毫无风险：虽然猎头的费用占你的薪水的一定比例，但是公司会付这笔钱的。虽然我不认识哪个学者通过这一途径取得成功，但如果有猎头对你的故事感兴趣，想要推荐你的简历，请一定要把握机会。

不要纠结到底用上述方法中的哪一种：多尝试几种。每个星期都应聘几个职位，放心大胆地应聘同一个机构的多个职位。很少有招聘经理会注意到你申请了不止一份工作，就算注意到了，他也有可能惊讶于你的坚持不懈。有一次，一位 CEO 让我面试了一份他认为我无法胜任的职位，因为我的名字在短时间内连续出现在他的办公桌上。

如果你**受邀**参加会面，不管什么时候都请答应。即使你觉得不想要这份工作，你也会从中获益——而且有可能在与团队会面、对该机会有更多了解之后改变主意。

把握正确的机会

有些人建议离开学术界的人把重点放在小公司上。这些公司很少在申请者和雇主之间设置障碍，人们更容易跨越所谓的"企业壁垒"（corporate moat）。一个只有 30 人的公司不太可能让机器人把你的简历丢进垃圾桶，上午还在筛选简历的经理，可能下午还要与 CEO 一起办理客户业务。如果你的简历在某个方面很突出——比如博士学位，或者担任教授的经历——单凭这份好奇心就可能说服他们联系你。

反过来，虽然让大公司看上你是更难的事，但它们更有能力承担聘用你的成本和风险。全球性的咨询公司很好地证明了这项原则。它们巨大的规模意味着它们不在乎新员工走上正轨所花费的大半年时间：这种负担会分散到**成千上万**其他专业人士身上。[1] 并且，它们制定了培训项目，帮你为新工作做准备，免得让你的同事负担过重。一旦你已经开始面试的过程，获得这些公司（或者任何上百人规模的公司）的某个职位的机会就会更高。

经验告诉我，上述两种理论都有道理。当我试图吸引精品公司的注意时，我得到了许多面试机会。但是，最终是一家全球企业给了我一份邀约。

不管你在哪儿找到空缺职位，如果该职位特别适合你的技能、兴趣和背景，一定要给予特别关注。你应该根据该职位要求来修改简历中的自我总结部分，并且在正文部分凸显出该职位需要的技能。如果该公司希望你用电子邮件发送简历，那就随信附上一段简短的信息，简述为什么你是合适人选。请记住：没人会平白无故地认为你能给他们的公司带来价值。你的工作是说服他们，跟你多聊聊对**他们**有好处。

简历和电子邮件不一定是最后一招。如果有

1　这个数字并不夸张。2019 年，领先咨询公司的全球雇员数量分别为：Accenture 有 459,000 人，IBM 有 378,000 人，Deloitte 有 312,000 人，Cognizant 有 281,000 人，Ernst & Young（EY）有 270,000 人，PricewaterhouseCoopers（PwC）有 251,000 人，Capgemini 有 211,000 人。

朋友和联系人在该公司工作，可以让他们向招聘人员提及你的姓名。你不需要说更多的话。想获得面试最难的一点就是让你的求职申请被注意到，光是听说过你的名字就足够做到这一点了。当然了，你的联系人如果能为你美言几句自然更好，不过这是他们的自由。他们比你更了解公司的文化和人员，如果你巧妙地求助于他们，他们更有可能伸出援手。

如果你不认识在职的员工，也可以通过间接的人脉让你被注意到。你可以在领英上搜索你要申请的公司中某个人的联系人，然后请对方做你的引见人。在这个过程中，最好只请求进行一次**信息访谈**。你应该把这次通话视为了解该公司文化和动态的一个机会。如果交谈顺利——并且对方愿意、且能够为你美言几句——他们很可能在通话结束时告诉你。

你还可以直接与招聘经理通话或亲自去和他见面。这么做会彰显你对这份工作的兴趣——而且肯定会让你在如今招聘都在网上进行的文化中脱颖而出。上文说过，这种方法帮助迈克尔·齐姆获得了他家乡的一家小型数字营销公司的面试机会。你只需要注意随机应变：如果觉得某家公司或某个招聘人员不喜欢直接联系，你就赶紧住手。

关于这个话题的最后一条建议是：记得在申请职位时继续积累人脉。卢·阿德勒（Lou Adler）的研究表明，85% 的岗位都是推荐来的。据他估计，如果在求职过程中积极维护关系，雇主注意到你的可能性会是原来的七倍。[1]

为长跑结束做准备

当你正着手申请工作，而这些工作标志着你将开始新的职业生涯，停下来考虑一下如何应对收到的邀约是有必要的。这种考虑之所以有用，有两个原因。首先，你不一定**喜欢**你获得的第一个职位。搞清你的个人处境有多少灵活的余地，才能作出对你有利的明智决定。其次，一个好机会可能会在坏的时机出现——你可能不得不做出艰难的抉择。

如果你身处任何职位都不得不接受的境地，

---

1 Lou Adler, "New Study Reveals 85% of All Jobs Are Filled via Networking", *LinkedIn Pulse*, February 29, 2016: https://www. linkedin.com/pulse/new-survey -reveals-85-all-jobs-filled-via-networking-lou-adler.

自然不必多说。不过，没人要求你要一直干这份工作。我在本书中的建议目的是引导你获得一个满意的**职业**，而不仅仅是一份新工作。你可以把看起来糟糕的工作视为"入门工作"，利用它们培养新的技能，直到你有资格获得更好的机会。你只需要确保不断地积累人脉和申请工作，免得被困在你讨厌的职位上。

　　如果你有充分的时间等待你真正喜欢的工作，那么现在你应该审视自己在"鉴别期"优先考虑的价值观，确保你的求职过程依然符合你的目标。你应该对找到新职业之前所"花费"的时间进行限制——特别是当你决定在失业的情况下找新的工作。"花费"不只是金钱上的支出：你还要考虑自己是否保持头脑清晰，以及一位前学者简历上的长期空白会给招聘经理留下什么印象。

　　对我而言，这个阶段的挑战在于避免我对新奥尔良的热爱威胁到我的财务稳定。这个城市的就业市场是出了名的狭小，在我求职期间，本地报纸甚至刊登了一篇关于年轻专业人士去别的城市寻求更好机会的专题报道。意识到这种风险之后，我和妻子设定了最后期限：如果在最后一笔薪水之后六个月还没找到工作，我就去其他地区求职。虽然我们不想离开这座城市，但我们知道靠一份工资是无法维生的。

如果你一边活跃于学术界，一边求职，那么你很可能在两个学期的间隔收到一份邀约。一旦出现这种情况，你就面临棘手的道德困境：是直接接受新工作还是放弃教学？给出答复可不是一件容易的事。一方面，你必须考虑自己为了找新工作投入的努力，以及这个职位给你带来的前景。另一方面，你可能担心自己突然离开的决定会伤害到一些人：你的学生、同事或实验室团队。

皆大欢喜的结局是你和新雇主商量好在本学年结束后再上岗。没错，这是可以商量的。上岗的日期是人们和雇主沟通过程中的一个常见话题。一些雇主甚至可能赞赏你推迟上岗的想法：如果你体面地为现任老板完成你承诺的项目，那么你的新老板可能认为你会同样对待他。只是别毫无保留地帮助你的学校，不为自己争取任何东西。没错，你也可以，并且应该协商工资问题。

如果突然离开学术界对他人造成巨大影响，你可能希望在上岗日期上争取更大的让步。例如，你的实验室搭档或研究伙伴的专业成果离不开你的持续努力，或者你所在的大学服务了大量

"一代移民"或低收入学生。在这些情况下，你应该力所能及地公平对待各方——在道德感的引导下做出最终决定。

不幸的是，有时一份工作邀约只在立即接受的情况下生效，这就迫使你要么马上辞职，要么错失机会。在这种处境中，我强烈建议你接受这份工作，让你的院系或学院来收拾局面。虽然我在这一点上的建议是非正统的（我的编辑和审稿人都认为应该对此持怀疑态度），但我逐渐相信，在学年中途辞职是改变激励结构（incentive structures）的唯一途径，正是这种激励结构使得现代学术界的工作如此具有挑战性。

我之所以认为这一决定是合适的——即使它出卖了你的同事和学生——有三个原因。

首先，你在任何合约协商过程中的首要关切应该是你自己的成功和幸福。你为这一刻努力了几个月，不应该放弃为新雇主工作的机会。而且新雇主很乐意看到你摆脱对旧雇主的责任感。

其次，虽然你习惯性地认为自己必须教到学期结束，但你未必有义务这样做。我仔细地查看了我的合同和学校的政策。两者都没有做出这一要求。原因很简单：我生活在一个"自愿工作"（right-to-work）的州，允许双方在任何时候以任何理由解除雇佣关系。这种情况导致了一个独特的事实：虽然我的合同为我的教学规定了明确的时间表，但没有设置一套机制阻止我辞职。如果你也身处同样的境地（大约一半美国读者都是如此），那么你也可以在不会产生严重后果的情况下辞去教学工作。只需要确保认真阅读你的合同，在行动之前咨询你的大学督察或法律专家。

离开学术界的最后一个原因，在我看来是最重要的：如果一所大学心安理得地让你必须待到学期末，那么它应该为这项特权付出代价。其余行业都用薪酬来留住优秀人才。与此同时，学院和大学利用你的热情、善意和奉献精神，用极少的成本达到同样的目的。大多数美国高等院校向学生收取的费用是它们给你的薪水的**十倍**左右。两相比较，你能清楚地看出情况有多么荒谬：在会计、法律和咨询等行业中，收四倍的费用就已经是荒谬的。

大学之所以肆意地这么做，是因为很少有员工做出让它们后悔的举动。因此，整个教授群体一直遭受，并且将继续遭受损失。事实上，这个群体的工资一直在原地踏步。如果你想为你已经离开的学术界最后尽点力，那么你应该让学校知道没有公平对待你的后果：它必须想办法在学

期中途填补教学的空缺——同时应对来自本科生
（和他们的父母）的怒气，因为如果学校不采取
行动，他们的课程和学分就会被取消。

　　虽然这项建议会让某些人感到不快，但是，
目前为止，纠正学术劳动力市场严重失衡现象的
尝试都失败了。我认为，是时候施加一种不同的
压力了。在学期中途辞职可以说明你对高等教育
的"兼职化现象"（adjunctification）失望透顶，
准备退出这一体系，而不是纵容这一体系。假如
这一行为被重复的次数足够多，这种主张甚至可
能引起学校院长、校长或董事会的回应——也许
最终会迫使你的学术同事和朋友得到更公平的
待遇。

　　如果你必须自己做出这个决定，你必须清楚
这个困境不仅是理论上的。2019 年，我的一位
朋友就面临这种困境——而他选择接受一个新的
职位。面对因为他的离开生活变得更加困难的同
事和学生时，上文说的顾虑让他很有压力。即便
如此，他还是相信自己做出了正确的选择，而且
允许我把他的建议分享给同病相怜的你们。

　　第一，咨询你们大学的督察。这些人是指定
的人事问题专家，与他们的谈话通常都是保密
的。他们可以帮你厘清哪些事是你有权做的，以

及在合同到期前离职需要走哪些行政流程。

第二，保持诚实，但是要速战速决。你应该等到签完新职位的合同，再告知你的院长你要辞职。和他谈话时，将重点放在你的离职日期上，不要详细聊你为什么辞职。必要的话，你可以说说离职后要走的流程：很少有院长曾经遇到过这种情况，告诉他这些信息，可以省去他打电话询问的麻烦。

第三，要知道有得必有失。虽然给同事的生活添麻烦不会让你感到高兴，但是说到底应付你离职的后果是院系的工作。如果你能够（并且愿意）推荐接替你的教授或上交你的课程材料，让局面有所好转，那么一定要伸出援手。

最后，想想你的学生可能想听你说什么。很少有学生明白学术就业市场的复杂动态。你应该回答他们为什么你要离开自己擅长的工作——并且明确告诉他们你的离职不是因为他们。当我那位朋友把离职的消息告诉学生时，他觉得好像父亲在对孩子说要离婚。他的学生们像孩子一样受伤。他们想要得到安慰。有人甚至哭了。

虽然这些交涉很难，但是我那位朋友确信在学期中途离职是正确的。虽然学术文化可能反对出于自身利益的随意就业，但是高等教育的商业模式是冷酷的、势利的。他的学校从未给他一份终身的工作，而且多次临时取消他的课程——然后扣除了他的薪水。在选择忠诚于学校还是拥抱新机会这件事上，他从来没怀疑自己应该怎么做。

结论

本章——事实上也是本书——的中心思想是，好运是自己创造的。虽然多投几份简历确实更有可能获得一份工作，但是这种概率不一定是成正比的。如果你知道自己想要哪一类职位，根据它修改你的简历，让你的名字从其他申请人中脱颖而出，你就会有更大的机会引起招聘经理的注意。

到这里为止，你可能在想，本章最后我应该告诉你如何通过一场工作面试。事实上，我对于这个话题没有实质性的建议。经过几个月的信息访谈、简历修改和新经验的积累，你已经为这个机会做好了准备。你学会了调查你要见的人以了解其想法，学会了用通俗易懂的术语描述你的经历，学会了说明你的（旧的或新的）技能如何给你想加入的组织带来价值。

你只需要自信地去面试，相信他们会喜欢和你谈话，而你早已习惯了这种谈话。这种谈话不会让你备受煎熬。如果你是这份工作的好人选，当你与招聘经理建立联系时，你的那些事例自然会推动这场谈话。很快，在谈到你知道自己能胜任的工作时，你会发现自己开始兴致满满。

行动细则

（1）以你的信息访谈为依据，列出你有兴趣担任的三个具体职位。用领英和公司网站来确定担任这些职位所需的技能和知识。

（2）调查并确定你有兴趣参加的三个本地慈善机构，或你所在高校的非学术项目。给这三个机构发一份简短的邮件，看看它们是否能提供一个职位，让你可以培养第一条细则中列出的某项技能。

（3）查看你的社交媒体账户的隐私设置，更新你的公开资料。如果你有个人网站，检查它的设计是否简洁，文案有没有错误，页面有没有反映你新的职业形象。

第 6 章　应用期

　　开始找新工作两年后的一天，我和妻子共进午餐，庆祝我们的结婚周年纪念日。虽然餐厅很好，食物也很棒，但我那阵子一直忐忑不安。

　　三个星期前，我应聘了四份不同的工作。第一家公司虽然答应进行第二次面试，但再也没有回电。第二家公司录用了其他人。我以为第三家能行，但我在该公司的联系人一个多星期都没有消息。仿佛机会在我身边溜走了。即便如此，我依然很看好最后一个职位：我在一次信息访谈中认识了该公司的招聘经理，我的学术经历和非学术经历都适合这个职位，而且我在整个面试中保持了放松和自信。

　　我们刚要吃甜点，我的电话就响了。我也顾不得场合了，把妻子留在餐厅里，急忙跑到外面接电话。我满心以为自己等待新工作的日子终于到头了。但是电话那头的声音支支吾吾的。尴尬的两分钟过后，他终于坦白了：他已经给其他人发出了邀约。

当我回到餐厅坐到妻子身边，我脸上的表情说明了一切。我们吃完甜点，结了账，无言地离开了。一上车，我就感觉自己的焦虑加剧了。我的心怦怦直跳，眼神飘忽不定，说话也磕磕巴巴的。停好车之后，妻子对我说，是时候对最后一个职位做个了断了。我记得我在手机上写邮件时她耐心地坐在一旁——当我多此一举地花了五分钟修改信息时，她在一旁保持着沉默。

我知道您正忙着迎接即将到来的假期，但是因为过了一个星期，我想问问您是否已经决定好了这个职位。没决定好也没关系——我只是不希望因为庆祝国庆假期而被遗忘了。致以最真挚的祝福，克里斯。

怀着心满意足但忐忑不安的心情，我按下了"发送"键。不管好坏，我很快就能知道自己的命运。他不到一分钟就回复了：

我们给其他人才开了绿灯，所以你在国庆节

后很快会收到回复。祝你周末愉快。

琢磨出这行字的意思之后，我惊掉了下巴：我不再是一名学者了。

为改行做准备

获得第一份非学术性工作机会的欣喜是无可比拟的。你可以花点时间庆祝一下，不过要知道，随后你面临着三个新的、令人生畏的问题：

（1）我真的能胜任刚获得的这份工作吗？
（2）我需要培养或放弃哪些习惯才能成功？
（3）我如何尽快适应新环境？

离开学术界后对这几个问题充满疑惑是正常的。老实说，你根本不知道新职业的工作内容——而且你很可能还没放松多久，就要直面考验了。

我有几句话，或许可以让你安心一些。首先，你的新公司的成功现在需要你的参与。除非与你共事的人极其无能，否则他们不会随便把你扔到深水区测试你会不会游泳。他们会训练你承担新的职责，尽其所能帮你顺利过渡到该职位。负责任职培训的人知道你的背景是非传统的，你对新工作的了解有限是他们预期之内的事。

其次，你拥有的"可挪用的技能"或许比你想象的更多。正如前文所说，你的学术工作是非常多样化的。你每天都必须做研究，整合和呈现数据，修改信息以适应不同受众。你有时会对学生严加管教，有时会体谅他人，有时会留心心理问题，有时会考验那些准备出风头的学生。多年来在这些角色中不停变换，让你可以自信地应对陌生的环境——而且快速地找到成功的要素。一旦你真的开始工作，你过去的经历将以各种意想不到的方式帮到你。

最后，没人会在不相信你能胜任的情况下给你这份工作。"勉强录取"（pity hires）是不存在的——主管们会因为下属的失败而受到指责。所以，打消你的恐惧吧。尽管你可能倍感压力，但他人会认为你是能带来全新视角的聪明而热心的新员工。就像其他新员工一样，你会犯错是他们预期之内的事。

犯错：一个案例研究

从事现在这份工作大概十个月后，我终于有一次机会，可以让我等了一年多的那个人刮目相看。这位主管在前一年春天同意与我进行信息访谈，事后把我的简历转发给一位正在招聘的同事。他是让我被他人注意到，并帮助我离开学术界的**那个人**。我不想让他失望，我对自己能很快适应新角色的信心激励我主动出击。

又是这个词：信心。在阐述一个我负责推进的宏大理念时，我完全搞砸了：我的"推销"没有打动坐在房间里的高层人士。我本来想让他刮目相看，结果他反而接替了我的工作，而我在这个项目期间负责一些不太重要的任务。

这个结果显然**不是**我想要的。我对自己失望不已，但更令我难堪的是在一个我想赢得信任的人面前一败涂地。不过，几个星期后我们有机会聊了聊。这位主管毫不在意我的失败，而且向我保证这是新手都会犯的错误。如果我 18 个月后还犯这样的错误，我们就要聊聊别的了。到目前为止，他很乐意把这种错误视为一次学习的经历。

过了一会儿，他更是笑了起来。他说他刚到

公司时也想让自己崇拜的人刮目相看，想打动他人的这种愿望是很可笑的。最终，他不仅消除了我的担忧，还设法把我的不安变成前进的动力。

克服文化冲击

我很欣慰，犯几次错误——哪怕是令人难堪的错误——不会给新工作带来灭顶之灾。但是，你肯定不希望犯错成为一种习惯。避免犯错最终要求你理解自己所处环境的动态，特别是与人际交往有关的动态。学者面临的挑战是，当你初来乍到时，你进入的这个世界可能看上去是完全陌生的。

每家公司都有自己的文化和话术。即使你之前几个月拼命地进行信息访谈，你的新同事依然在用与你的习惯截然不同的方式说话、做事，甚至交往。作为这个新生态系统的一个合格和平等的成员，你必须向他们学习并相应地调整你的行为。

我们先来看看语言。你听他们说的很多词语，就像非专家听纳瓦霍语、希腊语或文学理论的行话一样。如果你在一家负责技术和软件开发的公司，你的同事可能张口闭口都是"敏捷开发"（scrums）和"堆栈"（stacks），可能把"敏捷"（agile）作为名词来使用，而且整天发愁的是服务指标和产品交付。如果你觉得自己一头雾水，你只需要提醒说话者你没有技术背景，请他用通俗的语言进行解释。

　　不管在什么领域，你都有可能听到一大堆抽象的名词和动词（比如以 -ation 和 -ize 结尾的词语）。人们总喜欢堆砌这些词语，因为他们认为这些"华而不实的词语"（big words）显得他们很聪明。这种习惯导致了许多别扭的、冗长的表述，比如"我们必须利用过去的举措（implementations）得出的战略教训来优化（optimize）我们的销售平台"。虽然这些表述可能看上去很费解（更不用说它不是英语表达的好例子），但是它们在习惯这种交流方式的群体中是有实际意义的。尽管你自己不必以这种方式说话，但别人这样说话时你要听得懂。

　　你可能还会看到别人把单词组合起来，违反了老师教你的任何拼写标准。因为"同步进行软件开发和 IT 运营"（Simultaneous software development and IT operations）听起来一点儿也不酷，所以技术人员把它叫作"DevOps"。"Accenture"

这个公司名，寓意是把"重点"（accent）放在"未来"（future）。省略元音和故意拼错，显然让营销人员觉得有一种未来感（比如"Tumblr""Scribd""BHLDN"等公司名）。组合单词的方式是无穷无尽的，非学术人士创造混成词（portmanteaux）的快乐，如同八卦专栏作家给明星夫妻起绰号的乐趣。

离开学术界后，你还要学习各种缩略词（acronyms），以及首字母缩写词（initialisms）。虽然你可能认为自己已经对此轻车熟路了，但是这些被当作单词的字母在其他职业环境中更加天马行空。RACI 矩阵、KPI、SOW、NDA，这些不过是小试牛刀。[1] 每个行业都有缩写各种概念的方式，想学会这些缩写，就必须花费时间，反复使用它们。不必担心频繁询问词语含义会拖延对话时间，把大部分缩写和你的行业一起输入搜索框，它们的意思马上就出来了。

语言上的差异并不都是令人困惑的，即使这种差异对你来说大多是全新的。离开学术界两年半后，我依然惊讶于表情符号在职业通信中的普

---

[1] 这四个缩写的意思分别是"负责、问责、咨询、知情""关键绩效指标""工作说明书""保密协议"。

及——我的工作上几乎每天都要用到它们。😀

　　帕特里夏·索莱尔深知措辞风格和交谈方式如何让人不知所措。作为拉美研究学者的期间，她完全用西班牙语和葡萄牙语说话、思考和写作。事实上，她在美国住房和城市发展部（Department of Housing and Urban Development）的工作是她第一次用母语进行交流的职业经历。但是，这份新工作所用到的英语不同于她之前听到的英语。因此，她有时觉得自己很久才能听懂别人的意思，或者搞错了话语的重点——这恰恰是你在开始一份新工作时**不想**看到的情况。

　　帕特里夏在她的祖国体会到了文化冲击，她需要做出的改变既是剧烈的，又是出人意料的。但是，这种剧烈改变并非难以承受，特别是对一个如此善于学习的人来说。随着时间的推移，帕特里夏掌握了人们最常使用的词语，并且通过语境或开口提问来明确其含义。不知不觉中，她已经熟练掌握了办公室的行话。

　　克服了最初的障碍后，帕特里夏开始在同龄人中脱颖而出。很快有人推荐她担任新的职务——甚至邀请她领导住房和城市发展部的另一个团队。这段经历后来帮助她完成了第二次改行：她最近离开了项目分析专家的岗位，成为了一名 IT 专家。

除了学习新的语言习惯，你还必须适应那些决定办公室行为的潜规则和交往模式。有些组织是正式的和等级分明的，而另一些希望更平等一点。事实上，有多少种文化，就有多少政府机构、企业和非营利组织——每一种文化都有一整套机制，影响着人们的着装方式、低层和高层员工之间的说话方式、做决定和沟通的方式，以及开展工作的种种细节。让自己的行为适应这些规范，可以使你更快地成为团队的一分子，让任何怀疑者相信你确实是一个好员工。

虽然面试可以让你看到上述无形力量的一些迹象，但是你只有在工作后才能了解人们如何真正地进行互动。为了更快地适应规范，你首先要多观察，少说话。在知道你的工作需要你干什么，以及个人动态如何影响特定情况之前，你很容易误判形势。虽然入职前几个月你的新同事会原谅这类错误，但是避免这些错误会帮助你尽快赢得信任和尊重。

需要特别注意的是闲聊。假如你的一位新同事向你敞开心扉，你肯定也想这么做。如果你们讨论的是体育或家庭，那肯定是没问题的。但是，一旦涉及对同事、客户或公司的抱怨，你就要当心了。在了解你的公司的政治动态之前——这可能需要 18 个月或更长时间——保持积极向上的态度是最安全的行动方针。这种做法会避免人们觉得你爱抱怨，避免一句无心的评论传到别有用心之人的耳朵里。

保持警惕不是说你应该独来独往。你应该向尽可能多的人征求建议，并尝试与承担其他工作职能的同事打交道。你很容易受到领你入门的第一个人的影响，但是哪怕坦诚相待的人也只能提供一个视角。想在新环境中大展身手，你最好从多个来源获取信息，尽可能全面地了解组织及其文化。

一个小窍门是确保你总是向对的人提出对的问题。首席执行官（CEO）或执行董事（非营利组织中相当于首席执行官的职位）不会有空跟你聊工时问题，她可能乐意告诉你这位新员工，她如何在市场上定位该组织。与此相反，秘书很可能不了解财务战略的细节，但可能比任何人更能告诉你该组织的架构，以及办公室的人际关系。入职的第一天常常被人们形容为"喝消防栓的水"。面对消防栓喷出的水柱，你要努力记住哪些人知道哪些事，以便你将来更有效地获取信息。

在考虑求助于他人时你也要珍惜他们的时间。"什么人""什么事""什么地方"这些问题的答案往往在组织的内部网络或书面文件上就能找到，你应该自己查找这些信息。当你想知道如何或为何做某件事时，你常常会发现同事们乐于分享他们的看法。你只需要向对的人提出对的问题——也可以让他们把你介绍给更适合回答这个问题的人。

如果这个建议听上去是理所当然的，这是因为适应某个职业环境并非截然不同于做学术研究。入职的头几个月无非是观察这个组织、评估它的运营、总结你的发现，提出假设以供进一步考虑和测试。差别在于你现在是亲自在行动：你的考量可能会产生现实和直接的后果。

大卫·史蒂文斯出色地渡过了这个难关。作为政治学"准博士"离开普林斯顿大学后，他在纽约一家智库的工作赋予了他双重职责：对商业人士进行国际政治方面的辅导，以及出席决策者和记者的会议。因此，大卫不仅要学习他公司的文化，还要学习他打交道的这三个领域的语言、思维过程和动态。

不管大卫如何模仿这些群体，他们总是认为他的行为是学术性的。讽刺的是，导致这种看法的原因各不相同：记者们发现他喜欢长篇大论，而不是立竿见影的小故事；决策者则认为，比起"现实世界"的实干家，他用更多理论来解决问题。因此，他的观点总是与众不同——而且不断让他脱颖而出。

大卫把文化知识与不完美的适应结合起来，变成了他的优势。非常独特的是，他可以在与他接触的每个群体的专家交谈时"切中要害"，**并且**把他们的关切翻译成其他领域的职业人士听得懂的话。如今，作为一个有着内行知识的外行，他成功地挑战了人们的假设，帮助人们消除他们的短视——这项技能，是他对不同行业的思维方式、语言和行为的好奇心所造就的。

建立新的关系

我最开始认为**效率**是衡量我目前工作成功的主要标准——而且咨询师们会避免闲聊，直奔主题。这个假设从外部看很有道理：在我这个行业中，风险很高，报酬丰厚，人人都渴望成功。我难以想象怎么会有人关心我如何过周末。但我很快就意识到，良好的关系对于职业人士的共事是必不可少的。牢固的关系是一切事物——从电子邮件到战略规划——的催化剂。讽刺的是，闲聊恰恰能带来效率。

除非在截止日期前一天的晚上 7 点钟，或者高层领导明确说他们没心情聊天，否则，花几分钟来谈天说笑是很好的。活跃一下气氛，把周围的人**当人看**，可以建立共情和信任——这两样财富对你来说越多越好。

原因是显而易见的。到了某个关头，每个团队都会面临意想不到的挑战，比如失去资助或错过截止日期。这样一来，谁也不会好过。你不得不加班到深夜，担负起新的责任，竭尽所能来扭转局面。一个关于你之前发现的小细节的笑话，可以在此时打破紧张的气氛，让房间里的每个人不至于焦躁不安——这真是神奇的事。

幸运的是，经过多年的教学生涯和数月的信息访谈，建立关系应该已经是你的第二天性了。你已经可以熟练地与人进行一对一会面或群体会议，感觉他们在讨论中的活力，并根据需要进行调整以有效地与他们沟通。当你在工作场所与他人打交道时，这些技能会自然而然地展现出来。你只需要记住用本书所描述的技巧来巩固关系：准备一场关于你的职位的简短的"电梯游说"，多提问少说话，留意对话者的语气和肢体语言以便让他们主导对话。

在企业（或政府、非营利组织）中好好干

当他人明确表示已经准备好工作了，你就应该直奔主题了。你应该关注与你的受众相关的细节，尤其是在电子邮件中。最好的做法是在邮件的前两行说明你想要什么、涉及哪些人，以及你何时需要这些东西。别担心这样做显得无礼。在开头给出关键信息其实是一种**礼貌**，因为它为你的读者节省了时间，减少了他们误解你的需求的几率。很少有人会读完一个主题和段落，除非他们显然有迫切的理由继续读下去。

同样地，避免解释每个需求。很少有人在乎**为什么**这份工作需要他们上心：他们只想知道他们需要做什么。在引出需求之前对冗长的决策过程进行陈述，容易让人胡乱揣测。任何想了解更多情况的人都会要求提供进一步的信息。

在我看来，言语往来一直是一项挑战。学术界的训练是先阅读与某一主题相关的全部学术文献，列举你从过去的方法中发现的每个问题，然

后才提出替代方案或给出你的结论。这种基础性
工作奠定了你在某一主题上的权威——至少在你
达到一定水平、说话有分量的时候。在这么多年
的实践之后，我们很难消除这种条件反射。

但是，你要记住，在学术界之外，实际结果
比一切都重要。在一个动态的市场中，你不可能
细究每个细节，也不可能拥有对某一行动方案的
绝对确定性。"明智的决定"指的是在现有信息
上最好的决定，人们只需相互信任就可以做出现
实的评估。幸运的是，人人都知道截止日期限制
了现有信息的范围。只要你把注意力放在最优先
的议题上，尽可能理解或解决它们，你就可以展
现你的权威，继续下一项任务。

边走边成长

在每个项目、截止日期或其他节点之后收集
主管或同事的反馈也很有帮助。了解你哪里做得
好、哪里还有成长空间，是你在工作中获得进步
的唯一途径。你应该谦虚地接受指导，专心聆
听，并采取实际行动来运用你收到的建议。

做了这么多年学者之后，这项练习应该是容

易的。学者们总是获得严格的反馈：攻读研究生本身就是一个挑战。尤其是当你提交论文和书籍进行双盲审查时。我们都曾经被别人批评我们的作品——特别是**负面的**、往往**不合理的**批评。像每一位成功的学者一样，你习惯于从无用的指责中筛选建设性的建议，以创造更好的最终产品。

你们有人可能会想："习惯于批评并不意味着我要请别人来批评我。"这个说法没错。但你要记住，你现在寻求的是与每天共事的人进行面对面的交谈，而不是双盲审查。这种经历可能会比你预期的更加容易。事实上，学术界之外的人通常都彬彬有礼——而公司经理们也都受过培训，为他们提出的每个问题给出一些正面反馈。

请求别人的批评意见还会让别人对你刮目相看。在非学术环境中，很少有人会问自己**做错**了什么。许多人自尊心很脆弱，并尽可能避免让别人觉得他们犯了错误。主动表现出学习的愿望，会把你与同龄人区分开来。而且，渴望奖励认真工作的员工的主管也会对你刮目相看。

但是，在**给出**批评时要谨慎一些。总有一天会轮到你向同事给出反馈，或在会议中公开回应某个想法。当这些情况发生时，你要谨慎一点。学术界训练你快速评估观点，把坏想法扼杀在摇篮里。虽然这种条件反射有很好的思辨作用，但办公室不是一个思辨的地方：它是一个**政治性**的场所。

总的来说，学术界之外的世界不喜欢简单地推翻坏想法。尽管你还是应该在团队误入歧途的时候及时指出，但是你要以建设性和善意的方式这样做。你在指出某人的想法行不通时，应该给出一个可行的替代方案，或者至少指出能够达成替代方案的途径。同样地，当你给出批评时，不要让他人当众丢脸，否则未来可能很难和该同事共事，如果他觉得你不怀好意，甚至会拒绝你的好想法。

谈论你的过去

面对如此多的新的关切，你可能在想是否或何时向客户和同事透露自己在学术界的过去。除非你从事的是与高等教育相近的行业，或者作为"特聘教授"任职于一家小公司，否则，我接触过的大多数前学者的建议是尽可能不要提你的博士学位。这项建议的意思是，不要让把博士学位放在你的电子邮件签名和名片上——或许也不要放在领英上的姓名和头衔旁边。

这项建议有多个原因。有些人可能会觉得炫耀高级学位是一种傲慢——一种蔑视教育程度较低的人的方式。这种解读最有可能发生在政府或制造业等领域，在这些领域，人们传统上依靠资历获得晋升，当时被提拔为领导，可能只需要高中学历。无论你对自己的成就有多么的（合理的）自豪，都不值得得罪你的新同事或新上司。

在科技行业中面临的挑战也许有些不同。这个行业自认为是彻底民主和平等的——人们更关心你**做了**什么，而不关心你在攻读学位时**学会**了什么。在这种情况下，博士学位可能被视为无关紧要的，有些人甚至可能认为它是为了掩盖实质上的不足。

无论在哪个行业，你都会遇见质疑学术界的人。也许他们认为学术界过于理论化，认为它是一项糟糕的投资。无论出于何种理由，闭口不谈你的过去可以让你有时间向这些人证明你的能力。一旦你建立了足够的信任和关系，你就可以按照自己的方式来介绍自己的相关信息——以一种让你显得有趣，而非不称职的方式。

从事目前这份工作七个月后，我以一种戏剧化的方式展示了我受过的学术培训。不久前，我被安排接手了一个新项目，与一个曾经共事过的团队合作。一开始我保持了沉默。我只在需要明确细节时提出问题，我虽然不抗拒交谈，但也没有主动提供关于自己的许多个人细节。

在等待时机的过程中，我研究了这个团队是如何互动的。这位高级合伙人让会议室的气氛很放松，他会调侃他的熟人，别人调侃他时他也会哈哈大笑。这种做法让每个人都各司其职，让工作有所进展：不到两个星期，我们就提前完成了计划。

有一天，在文档审阅的过程中，有人问起了一张幻灯片残缺部分中的"占位文本"（lorem ipsum）。大家开玩笑说要用把内容写成拉丁文。当高级合伙人说他高中学过拉丁文，可以尝试一下图个乐子，我看到我的机会来了。我说："如果你是认真的，我几个小时就能搞定它。"他一脸疑惑，让我解释一下。这时，我终于告诉了他我的过去：我前一份工作是教授拉丁文学和罗马史。

大家被这段对话逗笑了，也明白为什么我处理工作的方式与其他咨询师不同。很快，写拉丁文就成了我和团队其他成员之间的一个段子。那一刻，我知道自己真正成为了他们的一员——我并没有只是假装融入了我的新职业。

维护旧关系

虽然适应新身份是一种很棒的感觉，但是作为曾经的学者，你必须面对的最后一个挑战是：如何保持与旧生活的联系。

根据你的个性、经验和长期目标，你对这个问题无疑有不同的答案。有些人想要完全脱离学术界的过往。只要你能坦然面对你花在学位上的时间，这种做法就对你行之有效——甚至能让你更容易适应新生活。虽然我个人不会走这条路，但我知道一个人这么做了。我从领英上看出，他很快乐，也很成功。

如果你依然保留对你的学科的感情，那么你面临的挑战就是分清哪些活动可以带给你想要的生活。你或许会参加会议和撰写论文，又或许会寻找新的参与方式，比如经营博客、教授夜校课程，甚至带领一些关于你的专业领域的读书会。

有时候，旧与新的界限是模糊的。劳拉·安斯利在威廉与玛丽学院攻读研究生时，她以作家和编辑的身份加入了一个历史博客（Nursing

Clio）。这项工作起初是一份副业，但收发电子邮件、发送提醒、让人们遵守截止日期等工作让她成为一名出色的项目经理。这段经历对于她离开学术界后的第一份职位（美国土木工程师协会的出版编辑）是至关重要的。

这个博客依然是劳拉生活中的重要组成部分。她对该博客过去四年的发展起到了很大的作用，现在她作为主编管理着一个 16 人的团队。简而言之，这个博客不仅帮助她离开了学术界，而且让她与她想继续做出贡献的学科保持了联系。

至少对我来说，比起作为一名专业学者，作为一名普通人让我从学术专业领域中获得更多的乐趣。今天，我只需要关注我觉得有趣和有意义的关于古代世界的内容。我可以因为拉丁诗歌中的笑话开怀大笑，而不用去仔细琢磨文本。我可以用罗马史中的典故来证明一个观点，而不用纠结于"史源研究"（*Quellenforschung*）。事实上，我可以高兴地说，四年多来，我不再需要连蒙带猜地研究一个德语单词了。

离开学术界的收获

但是，学术界之外的生活有哪些好处呢？正如我在本书开头说的那样，每个正在改变职业的人都应该搞清他们的**人生**目标是什么，并且找一份能实现这些目标的工作。根据你所选择的优先事项，你可能会得到理想的结果，也可能不会。运气总是很重要。

尽管如此，绝大多数在学术界之外求职的人都满意这个决定。[1]许多人都表示如释重负，因为他们不需要每年夏天搬家，并且有稳定的医保，薪水能够负担开支，**还能存下钱**。找一份非学术工作，意味着我和妻子可以组建家庭。它让迈克尔·齐姆在离开历史学界不到三年就从头开始建立了一个广告系，从而加快了他的职业发展。克里斯蒂·洛奇可以帮助其他人找到满意的职业——她不仅是俄勒冈大学伦奎斯特商学院的就业顾问，而且创办了一家公司，帮助人文学科博士应对离开学术界的不确定性。

此外，我们大多数人都很高兴摆脱了高等教

1　Main, Prenovitz 和 Ehrenberg（2018）证明，比起拥有终身教席和非终身教席的人，在非营利组织和企业工作的拥有高级学位的人士的工作满意度更高。

育界中那些害人不浅的因素。在这里，我想到了学术就业市场，以及它压榨性的用工方式；想到了院系的闹剧、知识界的争吵、貌合神离的关系；想到了学界容忍某些就业顾问、院长、"能干的"学者的压榨行为，这些行为被学界视为理所当然。虽然象牙塔外的世界很难说是完美的，但它做得更好，不假装这种行为是正常的，发现这种行为时不会把它掩盖起来。

离开学术界也有个人的好处。我总以为我最好的朋友应该来自和我研究相同学术材料的一批人。但是，做了十年职业古典学家之后，我在这个学术世界中的深厚友谊一只手就数得过来。我在现在的公司遇到的人比我想象的更外向、更有趣、更友善。在这个岗位上两年后，我拥有了二十几位亲密的朋友。

有一位把我的成长作为优先事项的雇主也是一件令人畅快的事。在学术界，只有我在乎我的职业发展。今天，我受益于培训课程、辅导项目与对最佳实践的定期讨论。每个星期我都有机会磨炼旧技能或获得新技能——而且有一群支持者主动让我接触到那些可以帮我发展为专业人士和领导者的计划。虽然这种大规模支持体系无疑来自公司的庞大规模和全球性，但本书采访的其他前学者也表示，他们在高等教育界之外发现了更加紧密协作的环境。

这些好处不是说我们什么都没失去。大卫·恩格尔依然深情地讲述他在教学中获得的快乐。我认识的其他人希望自己在讨论棘手问题时，不会因为截止日期或预算而中止谈话。不论你在新的职业中有多开心，你总会因为失去某些东西而伤心。但是，篱笆这边的草的确更绿，至少对于我们这些在离开学术界之前仔细考虑往哪一边跳的人来说是这样。

展望未来

如果我完成了我在本书中的任务，那么你现在对于自己改行的"事件视界"背后的东西应该有所了解了。无论你花了几个月还是几年才跨过它，你都已经有能力找到满足自己期待的工作，而且知道如何适应新环境。

当你适应这份新工作后，要务实地对待这个机会。你不需要一直担任这个岗位，事实上我们大多数人也不会这么做。相反，我们把它作为一个踏板，来追求新的技能、新的行业，以及关于离开学术界之后我们想从事的工作的新想法。

你应该拥抱这一现实，让它为你所用。如果你的第一份工作没有达到自己的预期，那就继续进步并寻找新的机会。即使你喜欢接下来要做的事情，也要定期关注业界动态，看看有没有一份工作是你可能更喜欢的、薪水更高的，或者更符合你的需求和愿望的。从学术界改行总是最难的。后续的改行就容易多了——而且通常会带来更大的回报。

最后的请求

在本书最后，我想请你帮个忙。当你成功改行后，你就成了一个活生生的例子，说明拥有你所在领域的博士学位的人在"现实世界"中可以从事什么工作。由此，你可以改变人们对于拥有高级学位的人的能力的常见看法。

在可能的情况下，请对最终走上他们不希望或不愿意的道路的其他学者伸出援手。如果有人请求与你进行信息访谈，腾出一点时间来。如果他们正在寻找新的联系人，请向他们介绍你认识的人，指导他们如何建立人际网络。这项工作不总是轻松的，有时候可能是你在漫长的一天结束后最不想做的苦差事。但是，我想说的是，你在寻求新的职业时，会得到比你想象中更多的指导、帮助和支持。一旦你成功了，我希望你和我一起把这份善意传递下去。

行动细则

（1）做点什么庆祝一下！这不是一个篇章的结束——而是你将要书写的新篇章的开始。

（2）给你的网络联系人发电子邮件，告诉他们这个好消息，并感谢他们一路上的帮助。

（3）入职第一天后，更新你的领英个人资料，这样其他学者就可以看到你的近况，并且更容易联系到你。

薄
think as
the natives
荷
实验

"薄荷实验"是华东师范大学出版社旗下的
社科学术出版品牌,主张"像土著一样思考"
(Think as the Natives),
以期更好地理解自我、他人与世界。
该品牌聚焦于社会学、人类学方向,
探索这个时代面临的重要议题。
相信一个好的故事可以更加深刻地改变现实,
为此,我们无限唤醒民族志的魔力。

MINTLAB BOOKS

薄荷实验 · 已出书目

《香港重庆大厦:世界中心的边缘地带》
麦高登 著 杨玚 译

《特权:圣保罗中学精英教育的幕后》
西莫斯·可汗 著 蔡寒韫 译

《音乐神童加工厂》
伊莎贝拉·瓦格纳 著 黄炎宁 译

《学以为己:传统中国的教育》
李弘祺 著

《母乳与牛奶：近代中国母亲角色的重塑 (1895-1937)》
卢淑樱 著

《生老病死的生意：文化与中国人寿保险市场的形成》
陈纯菁 著 魏海涛、符隆文 译

《病毒博物馆：中国观鸟者、病毒猎人和生命边界上的健康哨兵》
弗雷德雷克·凯克 著 钱楚 译

《感情研究指南：情感史的框架》
威廉·雷迪 著 周娜 译

《培养好孩子：道德与儿童发展》
许晶 著 祝宇清 译

《拯救婴儿？新生儿基因筛查之谜》
斯蒂芬·蒂默曼斯、玛拉·布赫宾德 著 高璐 译

《金钱的社会意义：私房钱、工资、救济金等货币》
维维安娜·泽利泽 著 姚泽麟等 译

《成为三文鱼：水产养殖与鱼的驯养》
玛丽安娜·伊丽莎白·利恩 著 张雯 译

《生命使用手册》
迪杰·法桑 著 边和 译

《不安之街：财富的焦虑》
瑞秋·谢尔曼 著 黄炎宁 译

《寻找门卫：一个隐蔽的社交世界》
彼得·比尔曼 著 王佳鹏 译

《依海之人：马达加斯加的维佐人，一本横跨南岛与非洲的民族志》
丽塔·阿斯图蒂 著 宋祺 译

上海市版权局著作权合同登记　图字：09-2022-0168 号